어쩌다
코칭

TRAINING MENTOR

GOAL

DEVELOPMENT

SKILL

Coaching

어쩌다 코칭

이유정·김윤석·이미영·주종욱·백상현·임은범·주수연·한대경·김수빈·이현수·박형근·최하나·최해정·정재원·이상현

MISSION

SUPPORT

100%

EDUCATION ✓
MOTIVATION ✓
SUPPORT ✓

KNOWLEDGE

✓ ✓ POTENTIAL

이 책은 아주대 경영대학원에서 국제코치 자격과정을 이수한 15명의 대학원생의 배움과 성장 과정을 적나라하게 적어낸 것입니다. 이들 중에는 코칭을 전업으로 해 오던 코치도 있고, '어쩌다' 이 과정의 수업을 듣게 되어 코칭의 길에 들어선 신참들도 있습니다. 대기업과 중소기업의 관리자, 학원 강사, 전문 강사, 수의사, 영업사원 등 다양한 업종에 종사하는 이들이 전문코치로 변하는 과정을 읽어보면서 대견하고 자랑스럽고 큰 보람을 느꼈습니다. 국제코치 자격을 따려면 많은 공부와 실습, 과제들을 수행해야 하는데, '놀랍게' 이들은 1년간의 고행길을 완주해냈습니다. 이 책의 독자는 본인의 지위나 직업에 상관없이 코치가 되는 길에 대해 가장 현실인 안내를 받게 될 것입니다.

박호환(아주대 경영대학원 코칭전공 지도교수)

어쩌다 국대코치 핵심2기 리더로부터 종강 때 약속한 책이 완성됐으니, 추천글을 써 달라는 연락이 왔습니다. "교수님! 내용은 대충 읽으시고요."라고 하면서. 그럴 수는 없지요… 읽기 시작하니 어느새 뜨거운 감동의 눈물이 내 뺨에 흘렀습니다. 핵심2기 학생들과는 예기치 못했던 팬데믹으로 내일을 알 수 없는 불안과 많은 제약조건을 넘나들면서 꿈과 희망을 나누었습니다. 그리고 수많은 가능성을 경험하고 확인했습니다. 이 책은 힘들고 지치고 내일을 기약할 수 없어 불안에 떠는 사람들을 포함하여, 자신의 일과 삶의 가능성을 찾고자 하는 많은 사람에게 용기를 주고, 조직과 사회에 크게 기여하리라 확신합니다.

이은희(아주대 코칭전공 핵심2기 담당교수)

'무모함 vs 현명함'.

굳이 따지자면 무모함과 현명함은 정반대에 있다고는 할 수 없다. 다만 비교에 대상이 될 수는 있지 않을까 한다.

디즈니 애니메이션 중 '니모'라는 호기심 가득한 어린 물고기가 있다. 니모는 세상에 대한 호기심으로 어떻게든 모험을 해야겠다고 생각하고, 아빠의 반대 속에도 일을 저지르고 만다. 그 과정에서 사람에게 잡혀가는 수모를 겪게 되지만 또 다른 물고기를 만나 협업과 세상을 조금씩 알아간다.

우리가 누군가에게 "당신의 행동은 좀 무모하다는 생각이 듭니다."라고 말을 하는 순간이 온다면 그다음 행동은 어떻게 진행될지 눈에 선하다. 그럼에도 불구하고 일을 저지르는 '니모'를 본다. 어리기에, 앞뒤가 어떻게 진행되는지를 잘 모르기에 그럴 수 있을 것이다. 그럼 그런 상황을 그저 지켜볼 것인가 아니면 현명한 선택을 할 수 있도록 방향을 제시하고 선택의 폭을 좁혀 도움을 줄 수 있어야 하지 않을까….

코치는 본인 스스로 생각할 수 있는 범위를 좀 더 넓혀 주는 사람이라고 생각한다. 생각의 범위를 넓혀주고, 행동으로 실천할 수 있는 구체적인 방향을 알아차릴 수 있도록 하는 역할을 한다. 지난 2020년 코칭이라는 것을 접하기 시작한 '핵심 2기'는 조금은 무모한 생각으로 이 소중한 책을 만들기로 시작했다. 앞으로 어떤 어려움과 불편함이 닥칠지에 대한 고민보다는 완성된 책을 생각하며 그렇게 시작했다.

이제 그 무모함은 6개월이란 시간을 거치며 손에 잡혔다. '하기 싫어지고', '왜 시작했지?'라는 생각의 바닷속에는 움츠리고 있지만 꺼지지 않는 작은 불씨가 있었다. 코로나 19로 생활에 변화, 그로 인한 일상의 어려움과 업무의 스트레스 그리고 학업에 대한 부담!!! 하지만 그 무모한 15명의 어린 '니모'들은 6개월이란 시간을 성장하고 있었다. 서로 고민을 털어놓고, 다른 의견을 조율하며 힘겨운 잉태의 순간을 버티며 소중한 책을 출간하게 되었다.

시작부터 현명하기 위해 노력하지만 원했던 결과에 다다르는 순간 '그때의 선택'이 현명했다고 느껴지는 순간이 올 수 있다. 아마도 15명의 '니모'는 무모한 행동에 대한 심리적 압박감을 느끼며 더 현명한 어른 '니모'로 성장하는 계기가 되었으리라 믿는다. 그동안 누군가는 좀 더 앞서 생각했고, 누군가는 좀 더 힘을 내고, 또 누군가는 서로에게 건강한 자극을 주었을 것이다. 그것이 협업이고 협동이라고 생각한다. 이 소중한 '책'의 출간을 진심으로 축하하고 싶다.

김동기(아주대 경영대학원 교수)

코칭 받으면서 아무에게도 말할 수 없는 걸 누군가가 이해해주고 공감해주어 위로가 되곤 했다. 가끔 망치에 머리를 한 대 맞은 느낌도 있었지만, 항상 나에게 자극을 주는 정재원 코치…. 고마워요.

남편이 처음 코칭을 공부한다고 했을 때는 그저 새로운 걸 공부하는구나 했는데, 점점 저와 아이들과의 의사소통에서 달라지는 남편의 모습을 보며 나도 모르게 스며드는 중이네요. 잘 살아왔지만, 더 잘 살아가고 싶으시다면 이 책으로 코칭에 한번 다가가 보는 게 어떨까요?

어느 날 남편이 반짝이는 눈으로 굉장한 걸 깨닫고 발견한 것처럼 흥분하면서 말을 해주던 코칭이 이렇게 책까지 쓰게 되는 열정으로 이어진 것을 보고 '정말 대단하다'라고 생각했다. 코칭의 마법은 가족의 평화까지 만들어주어 아주 행복한 생활을 하고 있다.

이렇게까지 되니 '어쩌다 코칭' 나도 한번 배워보고 싶다는 생각이 든다. 이 책의 생생한 코치들의 현장담을 보면 정말 마법 같다. 행복을 주는 마법을 경험하고 싶다면 이 책을 추천하고 싶다.

오르고자 하는 산은 달라도
지금 이곳이 우리의 베이스캠프이길

동그랗게 모여 앉아 지도를 편다. 내일은 어떤 방향으로 얼마나 갈 것인지 생각을 나누며 지혜를 모은다. 함께 마실 커피의 물을 끓이고 서로의 온기를 나눈다. 차가운 바람에 입 맞추며 밤하늘의 별을 본다. 오늘 하루를 기록한다. 내일을 준비한다.

우리는 산을 오르고 있다. 뚜렷한 목적지를 마음에 품고 뚜벅뚜벅, 소중한 한 걸음을 내디딘다. 곁에는 보폭을 맞춰 걷고 있는 친구가 있어 든든하다. 하지만 산을 오르는 도중에 알아차릴지도 모른다. 속도를 내야 하는 순간도, 휴식이 필요한 시간도, 어쩌면 우리의 목적지도 모두 다르다는 것을.

그럼에도 불구하고 두 번 다시는 없을 그토록 특별한 2020년, 135시간의 배움은 열여섯 명의 인생에 의미 있는 하나의 조각으로 남았다. 시간이 흐른 후에 각자가 바라는 거대한 산의 정상에서 지금껏 수고한 서로에게 뜨거운 축하를 건넬 수 있길. 서툴지만 씩씩했던 서로의 첫걸음을 다시 추억하기를 바란다.

　정상에 올라가면 또 다른 산이 보일 것이다. 다시 동그랗게 모여 앉아 더욱 큰 지도를 편다. 우리는 나보다 현명하다는 것을 알기에… 핵심 2기라는 이름으로 삶의 지혜를 나누며 함께 걸을 것이다.

어쩌다 국대 코치들

• 아주대 경영 대학원 핵심 코칭 2기

목차

15 포기를 모르는 불꽃 코치 이상현

너튜버에 데뷔한
코칭 전문가

이유정

MY NAME IS

Lee YooJung

너튜버에 데뷔한 영혼을 깨우는 코치

"나의 가슴 속 갈증을 해결해 줄 도구(?)를 드디어 찾다!"

나의 가슴 속 울고 있는 내면아이, 해결되지 않은 감정의 찌꺼기들…. 수련을 하며 나 자신을 바라보고 해결되지 않은 감정들을 하나씩 정화하는 작업이 시작되었다. 그러던 중 다니던 교육 회사를 통해 처음 코칭이라는 것을 알게 되었고, 코칭을 처음 받던 그 순간, 내 마음 속 답답한 갈증을 풀어줄 도구가 바로 코칭이라는 것을 직감적으로 알 수 있었다. 2018년 2월.. 아주대 MBA에서 코치로서의 배움과 인연이 그렇게 시작되었다.

Human library

"당신의 life story가 궁금해요~!"
코칭을 공부하는 과정에서 많은 사람들을 만나고,
그들과 이야기 나누며 그 안에서 많은 배움이 일어났다.
Human library…
한 사람이 온다는 것은 그 사람의 일생이 오는 것이다

나의 가슴 속 갈증을 해결해줄 도구를 드디어 찾다

"당신의 life story가 궁금해요~!"

코칭을 공부하는 과정에서 많은 사람을 만나고, 그들과 이야기 나누며 그 안에서 많은 배움이 일어났다.

Human library….

한 사람이 온다는 것은 그 사람의 일생이 오는 것이다….

코칭을 배우며 만난 많은 사람의 이야기 속에는 나의 모습이 있고, 내가 이해하지 못했던 사람들의 모습이 있고, 내가 미처 생각하지 못했던 사람들의 모습도 있었다. 나는 문득 사람들의 삶 그리고 그들의 현재 모습 너머에 어떠한 삶의 이야기가 더 있을지 점차 궁금해지기 시작했다. 그렇게 코칭을 배우며 다른 사람의 이야기를 진짜 귀 기울여 듣는 법을 배우게 되었다.

경청하게 되자 내 삶에도 많은 변화가 일어났다. 주변과의 관계가 부드러워지고 갈등의 상황도 이전보다 좀 더 유연하게 해결할 수 있게 되었다. 화난 고객과도 웃으며 끝맺을 수 있다는 자신감도 생겼다. 또한, 경청의 덕분(?)으로 연애를 시작해 곧 결혼까지 하게 되었다. 이 정도면 경청의 힘이 얼마나 중요한지 말하고자 하는 나의 의사가 잘 전달되었을까?

타인의 말에 온전히 집중한다는 것은 많은 에너지가 필요하기에 결코 쉽지 않은 일이다. 하지만 나의 자아를 잠시 내려놓고, 타인에게 온전히 마음을 열고, 그 순간 그 사람이 되어 이야기에 집중하려고 했을 때, 그 효과는 언제나 옳았다.

경청이 잘 되었을 때면, 상대방은 신나게 자신의 이야기를 한참 쏟아낸다. 마치 한 번도 누구도 자신의 이야기를 온전히 들어준 사람이 없었다는 듯⋯. 그렇게 한참을 정신없이 자신의 이야기를 쏟아내다가 어느 순간이 되면 자기 혼자만 신나게 떠든 것 같다는 머쓱한 감정이 듦과 동시에 잘 경청해준 상대방에 대한 고마움으로 스스로 이야기를 정리해나가기 시작한다. 코치로서 내가 할 일은 그저 상대방의 이야기를 잘 듣고 들은 말을 그대로 되돌려주는 것뿐이다. 여기에 플러스로 내가 상대방의 말을 집중해서 열심히 듣고 있다는 것을 온몸으로 전하고 있다면 더 좋고!

코치로서 이러한 과정을 거치면서 사람들이 실은 얼마나 자신의 이야기를 하고 싶어하는지 알게 되었다. 그리고 또한 세상이 얼마나 나의 이야기를 들어주지 않는지도 알게 되었다. 우리는 이렇게 소통과 기술이 발전한 시대를 살고 있지만 진정한 소통은 오히려 찾기 힘들고, 내 이야기를 온전히 들어줄 누군가에 항상 목말라 있는 것이다.

측은지심⋯.
나는 코칭이 한편 측은지심이라는 생각도 든다. 마치 앉은뱅이를 등에 업고 다리를 건너가는 소경처럼. 타인의 이야기를 들으며 올라

오는 그 짠함…. 그 마음이 상대에 대한 이해이고, 그 마음이 사랑이고, 그 마음이 곧 코칭이라는 생각이 든다. 코치의 그 애정 어린 따뜻한 마음에 고객은 용기를 얻고 기운을 내어 다시 한번 길을 나서는 것이 아닐까? 사실 우리가 코치에게 듣고 싶은 이야기는 이런 말일 것이다.

"무엇이 어찌 되었건 지금까지의 당신의 삶은 모두 옳습니다! 여기까지 최선을 다해왔고 앞으로도 최선을 다할 테니까, 아무런 걱정하지 말고 그냥 원하는 대로 계속 힘을 내서 나아가세요! 응원합니다!"

나의 꿈,
나의 인생

내가 생각하는 코칭은 사람을 이해하는 과정이고, 사람을 이해하는 것에는 끝이 없다. 대학원은 비록 졸업하지만, 코칭에 대한 배움은 이제야 비로소 시작이다. 이런 나의 소명은 바로 사람들이 자신의 내면을 만나도록 돕는 것이다. 내가 그렇게 찾아 방황했던 것은 외부가 아니라 나의 내면에 있다는 것을 뒤늦게 깨달았을 때, 나처럼 방황하고 있을 누군가에게 이 깨달음을 알려주고 싶었다. 스스로 '영혼을 깨우는 코치'라 이름 지은 것도 이러한 나의 소명을 잊지 않기 위함이다.

나의 비전은 한 평생 학습을 통해 나 자신을 성장시키고, 그 성장을 통해 타인의 성장을 돕는 것이다. 현재 유튜브 '혼울림 TV'를 통해 내가 알고 있는 지식과 정보를 공유하고 있으며, 2020년 12월 'The Awaken company'라는 이름으로 사업자등록증을 내고, 글로벌 비즈니스 코치로서의 꿈을 위해 한걸음 한 걸음 나아가고 있다. 또한, 재단을 만들고 아프리카에 학교를 세워 많은 아이들에게 교육의 기회를 제공하고 싶다는 꿈을 가지고 있다. 그러기 위해서는 우선 그러한 영향력을 줄 수 있는 위치까지 내가 먼저 성장해야겠지만…!

우리는 모두 각자의 가슴속에 귀중한 보석을 품고 있으며, 오직 자신의 내면을 들여다볼 용기를 갖고 마음의 준비가 된 사람에게만 자기 발견이라는 소중한 기회가 찾아오게 될 것이다. 예측 불가능하고 혼란스러운 시기에 사람들이 외부에 초점을 맞추며 불안해하기보다는 코칭을 통해 내면의 깊은 성찰을 하며 좀 더 중심 잡히고 만족스러운 삶을 살아갈 수 있길 기대해본다.

02

교육계의 다정한
알파치노

김윤석

Kim YoonSeok

교육계의 다정한 알파치노

코칭을 만나다

나는 프로그램 개발, 컨설팅 및 강사 역할을 수행하면서 기업교육 관련 업무를 하면서 느낀 점과 강사의 관점에서 본 코칭 그리고 개인적 차원에서의 코칭에 대해 이야기해 볼까 한다.

질문의 힘

우리는 살아가면서 나를 변화시키기 보다 다른 사람을 변화시키려고 하는데 더 많은 시간과 노력을 기울여가며 살아가는 것 같다. 그러나 나를 제외한 그 누구도 내 생각대로 바꾸기는 쉽지 않은 일이다. 결국 스스로 바뀌어야 하는데 그것을 가능하게 해 주는 것이 바로 코칭이라고 생각한다. 그 중 질문의 힘은 정말 대단한 것이었다.

나 같은 사람도
코치가 될 수 있다

코칭에 대한 오해와 편견

요즘은 '코칭'이라는 단어를 TV 광고에서도 들을 수 있을 만큼 흔하다. 아이들 교육을 하는 학습 관련 회사들도 코칭이라는 용어를 사용하고 진로 컨설팅을 하는 회사나 강사들도 진로 코칭이라고 부르며 최근에는 리더십에도 코칭이라는 용어를 사용한다. 코칭 리더십이 그것이다. 그리고 요즘에는 주변 상호 간에 '코치님, 코치님' 하면서 호칭으로도 쓰인다. 많은 사람이 편하게 사용하는 단어지만, 나는 본격적으로 코칭을 배우기 시작하면서 이 단어의 무게가 무겁게 느껴졌다.

나도 강사로서 한때 코칭에 대해 공부를 해본 적이 있다. 주변에서 다들 코칭에 대해 이야기하길래 "코칭이 도대체 뭐지?" 하며 관련 책을 11권 정도 구매하여 읽어본 적이 있다. 그러면서 코칭이 무엇인지 대충 이해했던 적이 있었고, 그 와중에 코칭 프로그램을 만들어 세미나까지 진행해보기도 했다. 지금 생각하면 내가 얼마나 무모했는지 그리고 그것이 얼마나 아찔한 상황이었는지 알게 되었지만, 당시 세미나에는 약 30명 정도가 참여했고, 그중에는 실제 코치인 분들과 코칭 심사위원을 하는 분들도 있었다. 이분들은 프로그램이 정말 좋았다고 평가해주셨다. 이런 상황을 보면서, 나는 코치는 아니지만 코칭 교육을 잘 만들어서 잘 전달하는 강사 정도는 될 수 있지 않을까 생각했었는데, 사실 그것은 코칭을 너무 모르고 했던 섣부른 생각이었다. 그러면서 나는 코칭에 대한 오해와 편견을 갖게 되었다. 첫 번째는 '코칭이 별거 아니구나'라는 것, 두 번째는 당시 나의 기준으로 코치라고 하시는 분들의 면면이 그리 맘에 들지 않아, '아무나 다 할 수 있는 코치라면 나는 별로 하고 싶지 않다'라는 것이었다. 그래서 코칭을 하시는 분들을 조금 낮춰 보게 되었고 코칭 프로그램 자체도 별거 아닌 것으로 생각했던 시절이 있었다. 지금 생각해보면 참 건방지고 바보 같은 생각이 아닐 수 없다.

우연히 시작하게 된 코칭

그렇게 나는 코칭과는 거리가 먼 사람으로 살아왔다. 대학원에 들어올 때도 코칭실습이 아주 대학원의 차별화된 프로그램이라고 했을 때도 별로 듣고 싶지 않았다. 그렇게 1년이 흐르고 2학년이 되어갈 무렵 겨울 MT에서 몇몇 코칭을 전공한 동기들이 권유하기도 했다. 내년에는 코칭의 문이 좀 넓어져 전공이 아니어도 수업을 들을 수 있으니 한번 들어보라는 것이었다. 그리고 교수님도 일본인 교수님이시고 한국에서는 쉽게 들을 수 없다고도 덧붙였다. 사실 내가 코칭을 시작한 계기는 바로 여기에 있다. 일본인 교수님이 강의하는, 한국에서는 쉽게 들을 수 없는 과정이라는 것! 2학년 때 무슨 수업을 들을까 하는 고민도 있었고 차별화를 좋아하던 나에게는 흥미롭게 느껴졌다.

그렇게 나의 코칭은 시작되었고 지금은 어떻게 되었냐고? 나는 현재 한국코치협회 인증 코치가 되었다. 물론 초보 코치이다. 그러나 나의 계획은 여기서 끝나지 않고 더 높은 목표를 향해 나아가는 것이다. 물론 코치로서의 목표다.

우리 아이가 달라졌어요

지금 나는 코칭 예찬론자는 아니지만 코칭에 상당한 신뢰를 갖게 되었다. 내가 이렇게 바뀐 데에도 몇 가지 이유가 있다.

첫 번째는 코칭 자체가 가지고 있는 힘이다. 우리는 누군가를 변화시키려 하지만 사람은 누군가에 의해 변화되기보다는 스스로 변하는 존재라고 생각한다. 그런 차원에서 코칭은 스스로의 변화를 이끄는 가장 강력한 툴 중의 하나라고 생각한다. 두 번째는 지도해주신 교수님의 영향이 컸다. 교수님에 대해 깊이 알지는 못했지만, 수업시간에 보여주신 시연과 강의 내용은 우선 내 생각을 바꾸기에 충분했다. 그리고 마지막으로는 나 자신의 변화다.

나는 지금까지 30년 가까이 컨설팅과 강의를 하며 살았다. 그렇다 보니 누군가에게 질문하기보다는 해답이 될 수 있는 조언을 하는 데 더 익숙하다. 그래서 코칭을 하면서 가장 힘들었던 부분이 바로 '경청'이었다. 상담자가 문제를 이야기하면 머릿속에는 이미 어느 정도의 솔루션이 나오는데, 그것을 당장 이야기해주지 않고 참아야 하는 것이 정말 힘들고 어려웠다. 그 과정에서 나는 경청이라는 것을 알게 되었고, 내가 답을 직접 알려주기보다 스스로 찾아낸 답이 더 큰 실행의 힘을 가지고 있다는 것을 알게 되었다. 비록 스스로 찾아낸 해답이 내가 제시하려고 했던 해답과 다르고 조금 부족한 것처럼 느껴질 때도 있었지만, 실제 실행력은 자신이 제시한 해답 쪽이 더 크다는 것을 알게 됐다. 즉 누군가가 제시한 방법보다 스스로 찾아낸 방법이 훨씬 받아들이는 사람에게 실제 도움이 된다는 것을….

우리는 살아가면서 나를 변화시키기보다 다른 사람을 변화시키는 데 더 많은 시간과 노력을 기울이며 살아가는 것 같다. 그러나 나를 제외한 그 누구도 내 생각대로 바뀌는 일은 쉽게 일어나지 않는다. 결국 스스로 바뀌어야 하는데 그것을 가능하게 해주는 것이 바로 코칭이라고 생각한다. 그중 질문의 힘은 정말 대단한 것이었다.

막연하게 알고 있었던 경청과 질문! 나는 이 사실을 코칭으로 알게 된 것이다. 그 이후로 나는 코칭에 대해 더 깊이 공부하고 더 잘 이해하기 위해 더 많은 시간과 노력을 투자해야 함을 깨닫게 되었다. 이러한 과정들을 통해 나 자신이 변하고 있음을 주변 사람들의 입을 통해 알게 되었다.

결국 코칭은 내가 알고 있었던 별거 아닌 것이 아니었고 누구나 할 수 있지만 아무나 할 수 있는 일은 아니라는 것도 알게 되었다. 그 알게 된 것을 알아차리며 나는 현재 코치가 되었고 지금은 코칭이야말로 리더가 가져야 할, 그리고 강사가 가져야 할 가장 필요한 역량 중에 하나라는 것을 말하고 싶다. 아니 우리 모두에게는 코칭의 기술이 필요하다고 생각한다. 하지만 이 코칭은 절대 간단하게 배울 수 없는 영역이다.

내가 생각하는 코칭이란?

그럼 과연 코칭이란 무엇일까? 코칭의 핵심은 무엇일까? 코칭을 한마디로 표현하기는 어렵지만 굳이 표현한다면 나는 '관심'이라고 본다. 단순한 관심이 아니라 '인간에 대한 깊이 있는 이해를 바탕으로 한 관심' 말이다. 이렇게 이야기하면 많은 사람이 "나도 관심은 있어."라고 말하겠지만 진정한 관심은 쉬운 것은 아닌 것 같다. 관심이란 이해하고 공감하고 같이 느끼는 것이다. 그 사람이 말하는 것이 아니라 말로 표현하지 못하는 것을 알아주는 것이다. 비록 그것을 알아차리지 못하더라도 그리고 싶은 마음만 있다면 상대는 내가 그 사람에게 관심이 있다는 것을 알게 되고 그런 알아차림이 변화를 불러일으키는 것 같다.

그래서 코칭은 간단한 프로세스로 만들어졌지만, 이 프로세스를 배우는 과정에서 우리는 사람에 대한 이해와 관심을 배우게 되고 그 이해와 관심이 사람을 변화시키는 도구가 된다.

사실 코칭이 아니어도 이런 이해와 관심만 있어도 사람은 변화될 수 있다. 그러나 코칭의 가장 큰 힘은 코칭을 하는 과정에서도 배움이 있다는 사실이다. 단순히 학문적 목적이나 능력 증진이 아닌 자격증을 받기까지 오랜 시간 실습을 통해 사람에 대한 이해와 관심을 배우게 되며, 이 훈련 과정이 있어야만 우리는 정말로 배우게 되고 정말로 알게 되는 것 같다.

세계를 무대로

　나의 클라이언트 중에는 캄보디아에 사는 후배가 있다. 한국에서 생활하다가 캄보디아에서 사업을 시작하기 위해 몇 년 전 한국 생활을 정리하고 캄보디아로 완전 이민을 갔다. 네트워크마케팅 관련 비즈니스를 하다 보니 나에게는 회원 가입 권유를 위해 접근을 한 것이었다.

　처음에는 착하고 친한 후배였기에 '그까짓 거 회원 가입해주지 뭐' 하며 해외에서 오는 전화를 받아주곤 했다. 전화의 내용은 자신이 하는 사업에 대한 믿음과 확신이 담긴 내용이었으나 아직 이룬 것은 없는 상태여서 주로 나에게 회원 가입을 해서 자신과 함께 성공하자는 말을 했다. 그러나 그런 대화 중간중간에 사업을 진행하면서 발생하는 고민을 털어놓기도 하고 캄보디아 현지의 상황을 이야기하기도 했다. 처음에는 아무 생각 없이 들어준 것이었는데 어느 순간 '어? 이거 내가 경청하고 있네?' 하는 생각이 들었고, 더 나아가 "그래서?", "캄보디아에서 네가 이루고 싶은 게 뭔데?" 하고 질문을 하거나 후배의 목표를 점검해주고 있는 나를 발견하게 되었다. 그러면서 '어? 이게 코칭인데?' 하는 생각이 들었다. 나도 모르게 후배와 코칭 모드로 대화를 하고 있던 것이다. '코칭이란 어려운 게 아니구나'라는 생각이 들었다. 이후 그 후배에게 "형이 요즘 코칭을 배우는데 너 코칭 한번 받아 볼래?" 하며 가볍게 물어보았고, 그 제안을 후배는 흔쾌히 받아들였다. 그 뒤부터는 본격적인 코칭이 진행되었다.

우리는 지금 전 세계가 하나의 네트워크로 연결된 글로벌한 세상에 살고 있다. 마음만 먹으면 전 세계 어느 나라 어떤 사람들과도 손쉽게 연결될 수 있는 세상에 살고 있는 것이다. 최근 코로나19로 비대면이 일반화되면서 온라인을 기반으로 한 다양한 만남의 형태가 만들어졌다. 그러면서 코칭은 더 많은 성장을 하고 있다. 일반 교육과 달리 코칭은 1:1로 이루어지고 비대면 상황에서는 일대 다수로 진행되는 교육에 비해 훨씬 접근성도 좋고 진행하기도 훨씬 수월하며 클라이언트들도 비대면을 더 선호하기도 한다. 그래서 코칭은 언제 어디서나 가능하게 되었으며 언택트 시대의 대안으로 떠오르고 있는 듯하다.

캄보디아와 한국은 약 2시간의 시간 차이가 난다. 큰 차이는 아니지만 두 시간 차이의 먼 거리에 있는 고객을 언제든지 코칭할 수 있으며 오프라인과 차이 없이 결과를 만들어낼 수 있다. 이번 후배와의 원격 코칭을 경험하면서 얼마든지 현재 해외에 있는 지인들을 코칭해줄 수 있다는 가능성을 보게 되었다.

코칭을 고민하는 분들에게

"무조건 해보세요."라고 말하고 싶다. 요즘 나는 예전의 나 같은 사람들을 많이 만나게 된다. 코칭을 별거 아닌 거로 생각하는 사람, 그리고 아무나 할 수 있다고 생각하는 사람들…. 이런 사람들을 보면 예전의 내가 떠오르며 웃음이 나오기도 하고 반성하기도 한다. 지금은 나의 권유로 코칭을 들어보겠다고 시작한 사람이 하나둘 생기고 있다. 나는 분명 그 사람들도 나와 똑같은 경험을 할 수 있다고 생각한다. 그리고 지금의 나처럼 입에 침이 마르도록 코칭을 권유하고 다닐지도 모른다.

만약 내가 지금과 같은 마음으로 살아왔다면 아마도 나는 더 좋은 사람이 되었을 것이라 확신한다. 그리고 지금까지 나와 만났던 많은 사람들도 더 좋은 사람이 되었을 것이라 확신한다.

나는 아직 많이 부족하고 불안하고 인격적으로도 아직 미완성이지만 지금도 변화하는 중이다. 그 변화를 주변 사람들이 알아주고 있어 기쁘고 내 변화를 보는 것만으로도 자신들도 변하고자 하는 사람들을 보면 보람도 느껴진다. 그렇기에 나는 앞으로도 계속 코칭을 배워 나갈 것이고 내 삶에 적용하면서 살고 싶다.

인생은 여행이고 코칭은 그 여행을 더 멋지게 만드는 도구다.

Do Action!
교육에 코칭을 더하다.
변화 관리 전문가

이미영

Lee MiYoung

Do Action! 교육에 코칭을 더하다. 변화 관리 전문가

코칭을 만나다

사내강사 10년, 프리랜서로 독립해 1인기업 산업강사로 6년, 꽤 긴 시간 기업교육을 하면서 '강사님은 무슨 강의하세요?'라는 질문을 받을 때마다 나의 전문분야에 대한 고민에 빠졌었다. 그러던 중 사람의 긍정적 변화를 이끄는 코칭을 알게 되었고 아주MBA의 코칭 전공을 선택했다.

저에게 코칭이란,

내가 경험한 코칭은 다른 누군가를 위한 것이기 전에
나 자신을 위한 훌륭한 자기개발 도구이다.
나 자신의 깨달음과 함께 성장을 꿈꾸는 누군가에게 긍정적 영향력을 주는 코치
가 된다면 그만큼 탁월한 인생이 있을까?
나는 그런 신념을 가진 사람이고 이 글을 쓰는 지금 이 순간도
나는 참다운 코치가 되고자 '수련 중'이다.

의심하던 고객이
코치가 되다

"왜 그렇게 열심히 사세요?"

나의 첫 코치가 나에게 던졌던 질문이었다. 질문을 받고 폭풍 같은 눈물을 흘렸던 그 순간을 잊지 못한다. 이 일을 계기로 나 또한 누군가의 마음을 변화시키는 그런 코치가 되고 싶었고 지금도 그 마음은 여전하다. 그리고 지금 이 마음을 느끼게 해준, 두 명의 고객 이야기를 하고자 한다.

첫 번째 고객은 나의 열정적인 코칭 얘기를 듣던 친구의 소개로 만나게 되었다. 고객을 처음 만난 순간, 내가 나의 코치에게 들었던 질문이 문득 떠올랐다. '정말 열심히 사는 분이구나…. 이 분의 시간을 허투루 쓰면 안 되겠다'고 생각하며 고객의 시간을 소중히 쓰고자 노력했다. 첫 만남에 우리는 2시간이 넘게 대화를 나눴다. 고객이 이 자리에 오기 전 코칭에 대해 어떤 생각을 했는지부터 앞으로 코칭 시간을 통해 무엇을 얻고 싶은지 등 많은 대화를 나누며 울기도, 웃기도 했던 첫 세션이었다.

고객은 자녀가 3명이다. 자녀 양육으로 인해 경력단절을 경험하며 본인과 맞는 일을 찾고 싶어 했고 각종 기관의 교육과 상담을 받으며 열정적으로 일에 대해 알아보고 공부하고 있었다. 경력의 부족함을 채우기 위해 공부를 해야 할지 일에 대한 경험을 축적해야 할지 고민하던 고객의 모습이 지금도 눈에 선하다. 고객에게 가장 큰 고민은 고객 자신이 학력이나 경력 등의 커리어가 많이 부족하다는 것이었다. 그 자신감 부족이 자존감을 낮추며 무엇을 해야 할지 선택하고 시작하는 데 망설이게 했다. 나는 코치로서 고객에게 보이는 많은 강점과 열정을 지지하고 인정해줬다. 고객은 코치의 지지와 인정을 받으니 계속 말을 하게 된다며 본인에 대해 이렇게 자세하게 말을 꺼내본 적이 없는 것 같다고 했다. 그 뒤 6회기의 코칭을 통해 무엇을 얻고 싶은지 앞으로 2년간의 타임라인으로 계획을 세우며 Goal 설정 후 실행의 포인트를 찾아갔다.

"처음에는 코칭이 뭐고 과연 도움이 될까 반신반의하면서도 경험 차원에서 함께했는데, 코칭을 받았던 매 세션에서 배우고 깨닫는 점이 생겼어요. 오늘은 그냥 대화하고 마무리되나 보다 싶었던 세션도 다음 세션까지 일상 안에서 또 생각나는 포인트가 있더라고요. 코칭 때 이야기했던 내용들이 떠오르기도 하고 그런 상황이 생기기도 하고… 그리고 내가 평소 생각하지 못했던 부분을 건드리는 질문을 받게 되면 다음 코칭 시간이 돌아올 때까지 질문에 대해 깊이 생각하게 돼요."

고객은 코칭 전 무엇을 해야 할지 갈피를 잡지 못했던 머릿속 생각을 정리하게 되었고, 커리어를 위해 대학에 입학해 공부를 시작했다.

이후 안정적으로 일할 수 있는 작은 일자리도 얻었다. 그리고 진중하게 고민하느라 의기소침해있던 표정도 밝은 미소로 바뀌었다.

고객이 내게 건네는 말 한 마디 한 마디는 코칭이 어떤 효과를 가지고 있는지를 표현하는 말들이었고, 그렇게 변화하는 고객을 통해 나 또한 많은 생각을 하고 배움을 얻을 수 있었다.

두 번째 고객은 시범적으로 진행된 무료 코칭 이후 직접 코칭을 문의한 경우였다. "언니 저는 왜 코칭 더 안 해주세요? 다른 분들은 6회기까지 해주시는 것 같던데…." 코칭 초보였던 내가 부탁한 게 아닌, 고객이 먼저 코칭을 더 받아보고 싶다고 연락을 해 온 첫 사례였기 때문에 너무도 반갑고 고맙게 느껴졌다.

고객은 20대 후반의 당찬 주부이면서 대학원생이고 조교였다. 20대 후반치고는 굵직한 역할을 해내고 있어 뚝 부러지는 친구라는 생각이 들었다. 이런 성격은 코칭을 받고자 하는 고객들의 비슷한 면일까? 이 고객 또한 앞서 소개한 첫 번째 고객처럼 계획적이고 시간을 알차게 쓰는 열심히 사는 사람이었다.

고객과는 총 12회기로 9개월 정도를 코칭했다. 그 기간 동안 고객은 대학원 생활, 조교로의 업무, 논문 쓰기 그리고 임신과 출산까지 누구보다 열정적으로 많은 일을 해내며 꾸준히 성장했다. 특히 코칭을 받으면서 코치가 되고자 공부했으며 결국 '한국코치협회 KAC 인증 코치'가 되는 쾌거를 이뤘다. 고객이 예쁜 아들을 출산했다는 소식에 축하인사를 건네던 나에게 "언니 저 KAC 땄어요! 언니 덕이 커요. 제일 처음 접한 게 언니 코칭이었어요."라 말하며 웃어주던 그때는 두고두고 내 마음에 남겨두고 싶은 순간이 되었다.

고객을 만날 때면 고민을 들어주는 언니가 되기도 하고 일을 추진시키는 코치가 되기도 하며 조금은 다양한 모습으로 함께 했다. 고객 또한 그런 편안한 분위기를 원했기에 우리는 시간의 여유를 두고 코칭을 진행했다.

"코칭을 받으면서 마음이 많이 편해졌어요. 생각 정리도 수월해졌고, 특히 코치님이 편안하게 언니처럼 속 얘기도 들어주고 여유 있는 대화를 이끌어주어 코칭에 적응하는 데 많은 도움이 되었어요. 앞으로 저도 코칭 공부하면서 함께 코치의 길을 걷고 싶어요."

그래서일까? 고객에게는 코치와 고객으로의 관계보다는 좀 더 가까운 동생 같은 감정이 생기기도 했다. 그리고 고객의 계획성과 포기하지 않는 근성, 선택의 순간에 집중력 등 고객의 생활태도에서 나 또한 많은 것을 배우기도 했다.

코칭은 의심을 신뢰로, 망설임을 확신으로, 부족함을 가능성으로, 생각을 행동으로 전환해주는 큰 힘이 있다는 것을 코칭 초심자로 고객과 함께하며 느꼈고 지금도 경험하고 있다. 나 또한 늘 나에게 질문하며 셀프코칭하고 있으니까…

"왜 그렇게 열심히 사세요?"라는 질문을 지금 다시 받는다면,

"내가 하고 싶은 걸 마음껏 하면서 살고 싶어요. 그 일은 무엇이든 하고 싶은 것을 하고 있을 때! 그때가 가장 즐겁거든요. 그래서 하고 싶은 대로 맘껏! 열심히 살아요."라고 말할 테다.

엄마는
왜 맨날 공부해요?

게임을 하다 조정하던 로봇이 몇 번을 죽자 6세 아들이 울기 시작한다. 아들에게 게임을 그만하라고 한 후 방으로 들어가게 했다. 아들의 울음소리는 지금껏 들어 본 것 중 가장 독했다. 한참을 울던 아이에게 바르게 앉게 하고 울고 나니 기분이 어떠냐고 물었다. 아들은 울음을 그치고 아무 말 없이 조용하게 앉아만 있는 모습에, 이렇게 아들이 게임하다 울 때면 엄마는 속상하고 화가 난다고 말했다. 그리고 앞으로 엄마가 어떻게 해주면 좋겠냐고 물었다. 하지만 아들은 여전히 조용하다. 대답을 기다리겠다고 말하고 한참을 눈만 마주쳤다.

"사랑스럽고 예쁜, 귀여운 내 아들 민규"라고 말하자 다시 자지러지며 운다. 우는 아들이 진정되길 기다렸다. 이번엔 아들에게 어떻게 하겠느냐고 물었다. 말이 없는 아들에게 기다리는 시간을 정하고 방

을 나왔다. 5분 정도 지났을까, 아들이 내게 다가왔다.

나: "엄마한테 할 말이 있니?"

아들: (고개 끄덕끄덕)

나: "응 얘기해줘~"

아들: "게임을 즐겁게 할게요. 그리고 울지 않을게요."

나: "그래~ 즐겁게~ 그런데 앞으로 또 로봇이 죽으면 어떡해?"

아들: "다시 해볼게요."

나: "좋네~ 다시 하는데도 계속 죽으면 어떡해?"

아들: "(한참 생각한 후) 그만할게요."

나: "그래~ 좋은 생각이다. 잠깐 쉬었다가 하거나 형에게 도움을
청하는 것도 좋겠어."

아들: "네~"

나: "힘들었을 텐데 엄마한테 이야기해줘서 고마워~"

아들이 게임하다 울기 시작한 지 40여 분 만에 이렇게 마무리가 되었다. 그 뒤 형에게 같이 게임하자고 말하고 신나게 게임을 한 후 잠들기 전까지 물건 정리하기, 수업 들어가는 엄마에게 "공부 열심히 하세요~" 예쁜 말 하기. 알아서 척척 예쁜 짓을 골라서 한다. 질문하고 기다려줬던 코칭의 효과일까, 살아남기 위해 엄마의 마음을 읽어내는 둘째들만의 성향일까? 코칭을 배우기 시작하면서 가장 먼저, 가장 자주 코칭을 적용시키는 대상이 바로 두 아들이다.

나는 일과 학업에 많은 시간을 할애하며 두 아들에게 나쁜 엄마라는 죄책감을 가지고 있다. 어느 순간부터 아이들 이야기만 꺼내면 눈물부터 났다. 하지만 엄마인 내가 죄책감을 가지는 순간 아이를 대하는 모든 순간에 그 죄책감이 부정적인 영향을 미칠지도 모른다는 생각이 들었다. 나에겐 이 죄책감을 대신할 다른 것이 필요했다.

코칭을 배우면서 선택한 것이 아이들의 '생각 멘토'였다. 생각 멘토로 충실하기 위해 정한 규칙이 3가지 있다.

휴일에는 아들과의 시간이 우선이다.
아들이 물어보는 질문에는 성심성의껏 답해준다.
명령보다는 질문을 통해 스스로 생각하게 한다.

이러다 보니 자연스럽게 아이들과 대화를 많이 나누게 되고 아이들은 내가 집에만 있으면 입에 모터를 단 듯 엄마 껌딱지가 되어 물어보고 이야기하고 답하기를 반복한다. 어느 날의 하원 길, 6세 아들이 보인 귀여운 반응에 배꼽 잡고 웃었다.

나: "아들~ 즐겁게 놀았어?"
아들: "엄마~ 즐겁게 계셨어?"

지금 이 순간 나에게 가장 중요하고 가장 필요한 게 무엇일까 객관적으로 생각하고 아이들을 위해 내가 어떤 모습을 보여줘야 할까에 초점을 맞춘다. 감정에 솔직하고, 책을 가까이하고, 배움을 계속하고, 대화에 집중하기 등등 아이들에게 원하는 모습을 내가 먼저 보여줘야겠다는 결론에 도달했다. 엄마로서!

요즘 두 아들이 내게 "엄마 또 공부해요?", "엄마는 왜 맨날 공부해요?"라는 질문을 자주했다. 그 질문에 "엄마는 공부하는 게 좋아. 재밌어~! 그리고 공부를 하면 생각을 많이 하게 되고 그런 생각들로 다른 어른들에게 좋은 교육을 할 수 있거든." 하고 대답하자 엄마가 어른들의 선생님이라는 것을 두 아들도 알고 있기에 나의 말에 바로 수긍하고 방에서 나가준다.

물론 생각 멘토라고 화나 짜증이 없는 건 아니다. 생각 멘토로 두 아들과 함께해도 여전히 뛰어놀기 좋아하고 게임을 즐기는 아이들이니 화가 나고 짜증 나는 순간이 한두 번, 아니 하루 이틀이 아니다.

하지만 코칭이 참 묘하다. 예전엔 그런 아이들의 모습에 호통부터 나가고 목소리가 커졌다면, 지금은 먼저 두 아들을 불러 진정시키고 좀 더 조용한 목소리 부드러운 목소리로 말하고자 노력하게 된다. 아이들에게 생각 멘토가 되겠다고 했던 것이 오히려 나를 성장시키고 있는 느낌이다. 앞으로도 나는 밖에서는 변화를 이끄는 코치이자 강사, 집에서는 가족들의 생각 멘토가 되고자 노력할 것이다.

왜냐고?

그냥… 좋으니까!

04

감성의 마케팅
엔지니어

주종욱

Ju JongWook

감성의 마케팅 엔지니어

코칭의 시작

코칭의 기본 중에 기본이 경청이라고 한다. 경청하기가 어려운 이유는 내가 생각하는 것 남에게 말해주고 싶은 마음이 앞서기 때문이다. 내가 충고를 하는 것이 아닌 큰 아들의 말을 경청함으로써 우선적으로 지금까지 가지고 있던 아들에 대한 고정 관념의 변화가 나부터 시작이 되었던 것 같다.

라포 작은 불씨 하나

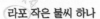

증기 기관차가 출발을 하기 위해서 엔진 룸에 수많은 석탄들을 가득 채우고 있기만 하면 스스로 알아서 목적지로 도착을 할 수 있을까? 목적지/가는 방법/운전사 모든 것이 완벽하게 준비가 되어있지만, 시작을 알리는 작은 불씨가 없으면 기차는 출발을 할 수가 없다. 나는 라포가 코칭에서 이 작은 불씨라고 생각한다. 작은 불씨는 전체 세션에서 필요하지만, 매 세션의 성공적인 코칭을 위해서는 꼭 필요한 것이라고 생각을 한다.

사십춘기에 만난
코칭

나는 대학을 졸업하고 외국계 반도체 Packaging 회사에 개발 엔지니어로서 첫 사회생활을 시작했다. 졸업 후 시작하는 사회생활은 매일 아침 오피스텔에서 멋지게 일어나서 모닝커피 한잔을 하면서 신문을 읽고 창밖의 도시를 보면서 와이셔츠에 깔끔한 정장 바지를 입고서 멋지게 출근을 하는 드라마의 모습과는 정반대까지는 아니어도 상상과는 다른 모습이었다. 그래도 지금 돌이켜보면 사회 초년생 시절에는 꿈이 있었던 것 같다. 하지만 똑같은 일상의 반복에서 변화가 필요하다는 생각이 드는 시점에서 두 번의 이직을 하면서 현재 재직하고 있는 회사에서 10년의 세월이 흘렀다. 직무도 개발 엔지니어에서 마케팅 엔지니어로 전환했다. 사회적으로 40대를 넘어서고 있다는 것, 한 사람의 남편, 두 아이의 아빠로서 책임감이 커지고 있다는 것, 이것은 변화가 좋고 도전이 좋았던 20대 30대와는 다르게 안정을 조금 더 선호하고 가정의 지속 가능 경영에 좀 더 집중할 나이가 되어간다는 것이다.

그렇게 변화가 없던 40대의 초반의 삶에 조그만 변화가 생겼다. 그것은 건강상의 문제로 생과 사의 갈림길에 서게 되었고, 나는 생을 택했다. 그렇게 병원을 퇴원하는 날 평생을 못 끊을 것 같았던 담배를 한순간에 끊었다. 회사와 집만 왔다 갔다 하는 단조로운 생활이 2년 정도 넘어갈 무렵, 내 곁에서 지켜보던 아내가 한 마디 내던졌다.

"당신 너무 의욕이 없어 보여, 이렇게 지내지 말고 예전에 가고 싶다던 경영대학원을 가보는 게 어때?"

경영대학원……?

마냥 좋다는 생각보다는 '돈은 어떡하지?', '시간을 어떻게 할애하지?' 등 선결해야 할 문제들과 걱정들이 먼저 떠올랐다. 그러나 지금 대학원을 가지 않는다면 평생 못 가볼지도 모르겠다는 생각 그리고 나중에 더 나이가 들어서 그때 대학원을 가볼 걸 하는 미련을 남기면 안 된다는 생각이 머릿속을 스쳤다. 그래서 나는 40대 중반을 달려가는 나이에 경영대학원에 입학하게 되었다. 생활의 활력을 찾기 위해서 입학한 경영대학원. 하지만 학교생활을 지속하던 중 나도 여기 대학원에서 무엇을 배워보고 싶다는 생각을 한 학기가 마무리되어 갈 무렵 가지기 시작하였다. 동기 중 몇 명이 코칭을 배우고 있었는데, 그들의 말을 빌리자면 현재를 기준으로 '심리상담은 과거를 담당하고 코칭은 미래를 담당한다'는 것이다. 중고등학교 때 선생님을 꿈꾸던 나였기에 누군가에게 열정을 심어줄 수 있고 미래에 대한 꿈을 꿀 수 있게 한다는 것이 학창시절에 못 이룬 교사의 꿈을 대체해줄 것 같은 감동이 밀려왔다. 그래서 나는 비즈니스 컨설팅이라고 오해하였던 코칭 강의실로 한 걸음 내디뎠다.

코칭에 대한 다양한 이론과 스킬을 연습하고, 책을 읽으면서 나름 코칭 철학을 하나씩 정리해나가기 시작했고 몇 명의 고객을 확보해 코칭실습을 조금씩 진행했다. 내가 코칭을 하면서 느낀 것을 뽑아보면 다음과 같다.

내가 위로를 받는다.

코칭을 해보기 전과 후, 내가 알던 사람이 달라진다.

고객이 먼저 코칭을 받고 싶다고 연락이 오면

돈으로 살 수 없는 뿌듯함, 보람이 밀려온다.

나만 왜 이렇게 힘들고, 복잡하고, 풀리지 않는 고민과 걱정을 반복하면서 살까? 근데 책을 읽어보면은 이렇게 적혀 있다. 너만 하는 고민이 아니고 모든 사람이 다하는 고민이라고 하지만, 내가 코칭을 직접 해보기 전까진 책 속의 말들은 나에게 위로가 되지 않았다. 그러나 코칭을 진행하면서 고객들의 머릿속에 마음속에 있는 말들을 하나씩 듣기 시작하면서 나는 정말 많은 것을 느꼈다. 나만 이런 고민을 하는 게 아니었구나.

기존에 알고 지내던 지인들을 통하여 코칭실습을 진행했다. 코칭실습으로 지인이 아닌 고객으로서 이야기를 듣다 보면 많은 생각이 든다. 내가 알고 있는 사람이 맞나? 몇 년을 같이 봐왔고, 많은 대화를 나누었던 것 같았는데, 코칭의 고객으로서 만난 지인을 나는 10%도

제대로 알고 있지 않았던 것 같다. 그 사람의 가치관과 다양하게 꿈꾸는 생각 등을 알기 전에 우리는 누구를 안다고 하는 것이 얼마나 어려운 것이라는 것을 알게 되었다. 우리가 평소에 누군가를 안다고 표현하는 것은 그 사람의 겉으로 드러나는 모습과 외형적인 조건만 알고 있는 것이지 그 사람을 알고 있는 것은 아니다. 지인으로 시작한 코칭 실습이기에 항상 내가 먼저 연락을 해서 코칭실습 일정과 장소를 잡아야 했다. 5~6세션 정도가 지나갈 무렵부터 고객에서 먼저 연락이 오기 시작했다. '이번 주에는 언제 코칭을 할 수 있는지' 그리고 어떤 고객은 내가 한 질문을 듣고는 한 달쯤 뒤에 연락이 와서 '코칭을 할 수 있느냐'고도 한다. 그때 내가 한 질문을 곰곰이 생각해보고 스스로 해답을 찾았기에 그 과정도 이야기하고 싶고, 향후 어떻게 해야 할지 조언을 받고 싶다는 것이다. 뭔가 형언할 수 없는 보람과 내가 누군가에게 도움이 된다는 뿌듯함이 밀려온다. 아직 전문적인 코치가 될지는 의문이 많이 든다. 하지만 조금 더 나이가 들어서 주변 여건만 주어진다면 조그마한 혼술집 하나 차려서 찾아오는 손님들과 소통하고 코칭도 해주며 안식과 내일에 대한 열정을 다시 심어줄 수 있는 혼술집 코치도 되어보고 싶다.

꼰대에서
코치 되기

여느 때와 다를 것이 없는 겨울의 어느 주말 아침, 나는 간만에 늦잠을 즐기면서 침대에 누워 있었다. 거실에서 TV를 보던 아내가 갑자기 안방으로 들어오면서 나를 깨웠다. TV에서 포항 과메기 관련 프로그램이 나오는데, 포항에 가서 바다도 보고 과메기도 먹고 싶다고, 참고로 우리 집이 경기도 화성인 것을 고려하면은 포항은 당일치기로 가게에는 그렇게 녹록한 길이 아니었다. 하지만 간만에 아내가 가자고 했기에 거절할 수 없어 중학생과 초등학생인 두 아들을 설득하여서 포항으로 향했다. 약 3시간 정도의 거리인데 출발한 지 1시간쯤 지날 무렵 두 아들은 여지없이 티격태격하기 시작했다. 우리 부부는 큰아들에게 가족 간 '내리사랑'에 대해 언급하며 평소와 다름없이 충고했다. 아빠가 경영대학원을 가서 코칭을 1년 반을 배웠지만 집에서 매번 코칭 식의 대화를 하고 공감하는 대화를 한다는 것은 아직 어렵다. 아니, 어떻게 보면 온전한 코칭을 100%라고 하였을 때, 가족 간의 대화에서 코칭을 대입해서 진행할 경우는 10%도 되기가 어렵다. 흔히들 말하는 이해관계, 즉 가족 간, 직장에서의 상사와 부하직원 간, 또는 친구 사이에서 우리는 알게 모르게 서로를 알고 있고 그 안다는 것에서 서로 이해관계가 성립된 상황에서 코칭은 정말 어렵다. 다들 경험한 것처럼, 중립적인 자세로 코치 본연의 모습으로 대화하거나, 질문해서는 고객이 원하는 모습의 상태로 대화를 풀어가기보다 좋든 싫든 충고도 하게 되고, 자신의 감정도 이야기하게 되면서 코치의 입장보다는 이해관계의 당사자로의 모습으로 돌아가기 때문에 이해관계가 형성된 관계에서의 코칭이 정말 어렵게 느껴졌다.

여하튼 이제 조금 코칭을 알아가기 시작하고 코칭을 접해가는 아빠의 입장이지만, 아들과의 대화를 그것도 동생과 다툰 상황에서 코칭 식의 대화로 뭔가 풀어 간다는 것 정말 어려운 일이다. 하지만 불현듯 '우리 큰아들은 동생에 대하여 어떻게 생각을 하고 있을까' 하는 의문이 머릿속을 스쳤다. 그래서 아들에 조금씩 충고가 아닌 질문을 던졌다.

"아들, 동생이 어떤 동생이 되었으면 좋겠어?"
"음… 그냥… 다른 친구들 동생처럼, 형한테 까불지 않고, 말 잘 듣고, 덤비지 않는 동생이 되었으면 좋겠어."
"그래? 그러면 동생이 어떻게 했으면 좋겠어?"
"평소에 장난을 심하게 치지 않고, 자기가 말한 것이 제대로 되지 않으면 성질 내지 않고……"

큰아들은 형으로서 바라는 동생의 모습에 대해 구체적으로 열거하기 시작했다. 옆에서 게임을 하면서 형이 말하는 내용에 대해 그저 쓴웃음만 지을 뿐 아무런 말을 하지 않은 채 듣고만 있었다.

"내가 이렇게 변화가 필요하다고 이야기하는데, 동생의 이야기도 들어봐야 하는 거 아니야?"

"아니야. 오늘은 너 생각에 관해서만 이야기해보자."

"코칭대화를 하자는 거야?"

사실 우리 큰아들은 이미 코칭을 몇 차례 받고 있었다. 중이 제 머리 못 깎는다는 말처럼, 나도 우리 아들들에게 코칭을 경험하고, 코칭을 통해서 스스로 발전하는 모습을 깨닫게 해주고 차마 이해관계가 있는 나 자신이 하기에는 아직 너무 역량이 부족한 것 같기에 코칭을 같이 배우고 있는 동기 코치에게 요청했다. 그래서 큰아들은 코칭의 정확한 정의는 모를지라도 무엇인지 정도는 이미 알고 있었다.

그렇게 오늘은 코칭대화를 한다는 것을 알고 난 이후 큰아들은 본격적으로 자신이 가지고 있는 생각을 말하기 시작했다. 이런저런 이야기들을 나누며 충고 아니 흔히 말하는 꼰대(?) 같은 잔소리를 하고 싶어 입이 근질근질했고, 형으로서 잘못된 행동을 지적하여서 시시비비를 따지고 싶은 마음이 굴뚝같이 샘솟았으나 조금씩 참아가며 큰아들의 이야기를 끝까지 들었다. 몇 가지 질문을 하면서 아들의 말하는 내용에 대하여 대부분 수긍하고 "음, 그렇게 생각할 수도 있겠구나."라고 호응해주다가 다시 질문을 던졌다.

"지금까지는 '동생이 이렇게 변했으면 좋겠다'라고 이야기를 했는데, 이제 형으로서 너는 어떻게 해야 한다고 생각해?"

"음……"

앞에 동생이 어떻게 변해야 할지에 대해서는 많은 말들을 쉽게 꺼내면서 조리 있게 말하던 아이가 정작 자신이 변해야 할 모습에 대해 묻자 한참을 생각하고 나서야 대답을 했다.

"음…. 나는 이해해줘야 한다고 생각해."
"이해? 어떤 이해를 해야 할까?"
"동생의 성격이 나하고 다르다는 것을 이해해야 한다고 생각해."
"그래? 동생하고 너하고 성격이 어떻게 다른데?"

참고로 우리 집 아이들의 온라인 축구 게임을 좋아해서 둘이 그 게임의 구단을 사고 선수들의 이적하는 등 다양한 활동들을 한다. 큰아들이 이 축구 온라인 게임에 비유하며 둘의 다른 성격을 설명하기 시작했다.

"나는 FIFA에서 누구를 사고 싶으면 그 사고 싶은 선수를 목표로 해 게임머니를 모으는데, 동생은 게임머니를 일정 금액까지 모아서 어떤 선수를 살 수 있을지를 고민해. 그리고 카트라이더를 할 때 나는 무조건 랭킹전을 통해서 등수를 올리는 것에 만족하는데, 동생은 스스로가 정한 목표 시간을 계속 깨는 게, 즉 기록을 갱신하는 것에 만족한다는 거….”

“이야… 너 동생에 대하여 많이 파악하고 있구나. 대단한데?”

공감이라고 말하기도 어색하고 칭찬이라고 말하기도 부끄러운 말이었지만 ‘정말 우리 큰아들이 대단하고, 조금씩 나이가 들어가는구나. 어떻게 아빠도 다 파악하지 못한 동생의 성향을 저렇게 잘 파악하고 있지? 그리고 저렇게 정확한 비유를 하여서 아빠한테 설명할 수 있을까?’라는 생각이 들며 조금씩 자라가고 생각의 폭이 넓어지고 있는 큰아들이 대견하게 느껴졌다.

“그래, 동생에 대하여 그렇게 잘 알고 있네. 그러면 어떻게 하면 동생을 이해할 수 있을 것 같은데?”
“머리로는 이해가 되지. 근데 마음이 잘 안돼.”
“아빠도 똑같아. 나도 알고 있지만, 행동으로 옮기긴 어려워.”

뭔가 실행계획을 세워주고 싶은 생각이 강하게 들었지만 억누르면서 다른 질문은 던졌다.

“혹시 동생은 너한테 어떤 사람인 것 같아?”
“동생은 친구 같은 동생인 것 같아. 언제나 내가 뭐라고 하여도 받아주고 이해해줄 것 같은, 처음에는 가시가 돋은 것처럼 성질을 내다가도 어느 순간이 지나면 또 가시를 내리고 받아 줄 것 같아.”

"동생을 동물에 비유한다면은 어떤 동물일까?"

"동생은… 거북이인 것 같아. 느릿느릿하지만, 그래도 이것저것에 대해 다 받아 줄 것 같고, 편안하고, 같이 있으면 좋은 거북이인 것 같아."

"그래서 동생이 어때?"

"좋네, 좋아!!! 생각해보니 동생이 좋네. 그리고 내가 동생한테 변화를 바라기보다 내가 먼저 동생을 이해하는 것이 필요하지 않을까 하는 생각도 드네."

"정말 그렇게 생각했어? 대단한데. 그렇게 생각하기 어려운데."

느닷없이 아빠의 출신을 말하는 것이 우습기는 하지만, 나는 경상도 출신의 남자다. 흔히들 말하는 무뚝뚝한 아빠의 모습. 하지만 내 스스로가 생각하기에 나는 말이 없거나 과묵하거나 그런 형태의 아빠는 아니다. 공감을 표현한다는지 다양한 미사여구를 사용해 말을 예쁘게 한다는지, 잘한 것에 대하여 격하게 칭찬을 한다든지 등에 대해서는 부끄럽게 느껴지고 익숙하지 않아 그런지 몰라도 표현을 거의 못한다. 그래서 아들이 이렇게 생각의 폭을 넓히는, 대단히 발전된 생각과 말들을 들었어도 '내가 할 수 있는 표현은 참 제한적이구나'라는 생각이 들었다. 이왕 이렇게 물은 김에 가족들에 대한 생각을 좀 더 듣고 싶어졌다.

"엄마는 어떤 동물 같아?"

"엄마는 사자 같아. 평소에는 조용히 있다가 화가 나면은 정말 무서운 사자 같아."

"그래? 그러면… 아빠는?

"아빠는 자라 같아?

"잉? 자라?"

"어, 자라는 생각보다 여기저기에 쓰이는 곳이 많잖아. 아빠는 이 것저것에 재능이 많은 것 같아."

꿈보다 해몽이 좋다는 것은 이럴 때 적합한 표현인 것 같다.

"자 그럼, 앞으로 동생을 이해하는 데 얼마까지 시간이 걸릴 것 같아?"

"내가 이제 고1이 되니, 아마도 고등학교 졸업할 때 정도? 한 20살 쯤 되면 동생을 이해하지 않을까?"

조금 더 재촉해 당장 내일이라도 이해하라고 하고 싶었으나 이 두 아들을 이해시키려면 내가 인내를 가지는 수밖에 없구나 싶었다. 1시간이 넘는 대화는 끝이 나고, 포항이 가까워지고 있다는 고속도로 표지판들이 눈에 띄기 시작했다.

포항 가는 길에 큰아들과의 대화가 100% 코칭의 프로세스를 준수한 코칭식 대화라고 말하긴 어려울 것이다. 하지만 코칭은 고객의 생각 속에서 고객이 원하는 모습을 찾아가는 여정이니 생각해보면 의미가 있는 대화였다고 할 수 있다.

큰아들뿐만 아니라 나도 이번 대화에서 배우고 느낀 게 있었다.

첫째, 내가 충고를 하는 것이 아닌 큰아들의 말을 경청함으로써 지금까지 가지고 있던 아들에 대한 고정 관념의 변화가 나부터 시작되었던 것 같았다. 아직은 철이 없고 본인 생각만 한다 싶었지만, 사실 형으로서 동생에 대한 생각을 더 크고 넓게 하고 있음을 알게 되었다. 묻지 않았다면 아마 난 평생을 몰랐을지도 모른다. 내가 너무나도 잘 알고 있다고 생각하는 내 자녀지만, 우리는 모두 똑같은 상황에서 똑같은 것만 보고서 살아오지 않았다. 이런 다른 환경은 서로 다른 생각과 가치관을 형성하게 되었다. 그런 다른 생각에서 상대방, 즉 그 어느 누가 되더라도 같은 생각을 할 수 없다는 기본적인 인간의 존재에 대한 존중하는 마음가짐을 가지는 것이 코칭에 임하는 기본적인 마음가짐이 아닐까 생각한다.

둘째, 충고와 잔소리가 난무하는 대화를 하였다면 아마 그 대화의 끝에는 서로 겉으로 표현을 못 하지만 부모는 충고대로 행동하지 않는 아들의 모습이 못마땅한 채 남아 있을 것이고, 아들은 자신의 이야기에 귀 기울이지 않고 똑같은 잔소리만 계속하는 부모의 권위적인 모습에 계속 못마땅한 모습만 남아 있을 것이다. 부모가 그토록 원하던 충고는 바람과 함께 사라진 채 서로에 대한 불만만 남은 시간이 되었을 것이다.

코칭의 기본 중의 기본이 '경청하기'라고 한다. 경청하기가 어려운 이유는 내가 생각하는 것 남에게 말해주고 싶은 마음이 앞서기 때문이다. 이것이 앞에서 말한 것, 이해관계에 있는 사람일수록 더더욱 많은 좋은 말들을 해주고 싶어 오히려 서로의 말에 귀를 기울이지 않을 수 있다. 하지만 진정으로 아끼고 소중한 사람일수록 상대의 말에 먼저 귀를 기울여서 그 사람의 생각이 무엇인지, 어떻게 생각을 하고 있는지, 무엇을 말하고 싶어하는지에 대하여 경청하는 것이 필요하지 않을까 싶다. 장거리 여행에서 차 안에서 좋은 음악을 들으면서 밖으로 지나쳐가는 좋은 풍경을 감상하며 내 자신의 이야기뿐만 아니라, 내 아내 혹은 남편의 이야기, 내 부모님의 이야기, 내 자녀의 이야기를 먼저 귀를 기울여서 들어보는 것은 어떨까?

어느 광고에서 '말하지 않아도 알아요'라고 이야기했지만 사실 우리는 말하지 않고서 알 수 있는 것은 하나도 없다. 말하지 않고 아는 것은 짐작이고, 자칫 오해를 불러오기에 충분하다. 내 마음은 이미 나는 알고 있으니, 다른 사람의 마음에 귀를 기울여서 알아가는 경청하기는 어려운 일이 아니다. 알고 싶은 마음만 있다면 말이다.

라포와의
만남 주의보

어쩌다 경영대학원이라는 곳에 발을 딛게 되었고, 거기에서 코칭이라는 것을 마주했다. 코칭? 누군가에게 무엇을 가르쳐 주는 것인가? '경영대학원에 있으니, 당연히 경영 컨설팅과 관련된 분야구나'라고 생각을 하게 되었고, 그렇게 경영대학원에서 한 학기가 지나갈 무렵 코칭이 무엇인지 주변 사람들에게서 조금씩 듣게 되었고, 나 역시 코칭에 관심이 있어 경영대학원 2학기에 '코칭 기본 스킬'을 수강하게 되었다(참고로 코칭 관련 자격증은 국내 자격증과 국제 자격증이 따로 있다. 국내 자격증은 KAC-KPC-KSC 순서로 단계가 나뉘며, 단계별 요구되는 교육 이수시간과 코칭실습시간도 역시 많아지고 다양하다. 내가 수강한 '코칭 기본 스킬'은 KAC 시험 응시를 위해서 필수로 이수해야 하는 교육이었다). 코칭 기본 스킬을 이수하고, 그다음 해엔 코칭에 조금 더 깊이 공부하고 싶다는 생각으로 국제 자격증을 준비하는 1년 과정 코칭수업을 듣고 수많은 시간의 코칭실습을 쌓아가고 있었다. 국제 자격증 수업이 마무리되어 갈 때쯤, 같이 수업을 수강한 동기들끼리 KAC자격증에 단체로 도전하기로 했다. 나 역시 지금까지 코칭 공부와 실습을 한 것에 대하여 자격증 취득의 목표도 있었지만, 객관적으로 한번 평가를 받아 보고 싶다는 생각에 KAC시험을 열심히 준비했다. 그러던 12월의 겨울 어느 날에 서류 통과, 필기시험에 합격하며 드디어 최종으로 실기 시험을 보게 되었다(코칭 자격시험 관련하여 한국코치협회에 들어가면 자격 인증 관련한 다양한 정보를 얻을 수 있다. 참고로 KAC 실기시험은 응시자 2명이 각자가 준비한 주제에 대하여 상호코칭을 진행을 하고, 그것에 대하여 심사위원 2명이 평가하게 되어있다. 시험은 전화로 이루어지며, 보통 토요일 혹은 응시자가 많을 경우 일요일에 시험을 보기도 한다).

나의 시험 시간은 오전 10시였다. 40대 중반이 넘어가는 나이임에도, 긴장된 마음을 풀어 보려고 노력해봤지만 '시험'이라는 단어만 들으면 왠지 잘 봐야 한다는 생각이 들어 엄청난 긴장이 밀려오는 건 어쩔 수 없는 듯했다. 긴장된 마음을 애써 뒤로 하고 시험 관련 안내 메일을 꼼꼼히 읽고서 전화로 접속하여 시험을 대기하고 있었다. 이윽고 상대 응시자가 접속하고 조금 있으니 심사위원이 2명이 접속해 시험에 관련된 사항을 설명하고는 드디어 코칭 시험이 시작되었다.

심사위원이 "어느 분께서 먼저 코치가 되실 건가요?"라는 질문에 상대 응시자가 먼저 코치 역할을 하겠다고 대답했다. 그 말에 나도 모르게 안도했다. 상당히 긴장하고 있었는데 고객 역할에 충실하다 보니 어느 정도 마음도 진정이 되고 긴장이 풀어졌다. 그리고는 내가 코치 역할을 할 시간이 다가왔다. 가볍게 인사를 나눈 뒤, "오늘 기분은 어떠세요?"라며 질문을 건넸다. 고객 역할의 상대 응시자는 "아침에 코칭 시험이 있다고 생각하니, 조금 긴장이 되었습니다."라고 오늘의 기분을 표현했다. 이에 "네, 긴장하셨군요. 자, 이제 그러면은 코칭을 시작해도 될까요? 말하며 자연스럽게 코칭 세션을 시작했다. 코칭 실습 시험은 대략 15분 조금 못 되게 진행이 되었고, 코칭의 기본적인 프로세스가 잘 이루어졌다. 무리 없이 코칭이 된 것 같아서 내심 안도했다.

2명의 지원자가 모두 코칭실습이 마치고 난 후 심사위원 2분의 코칭에 대한 피드백이 이루어진다. 첫 번째 심사위원은 나의 코칭에 "코칭 프로세스가 전반적으로 잘 이루어졌고, 상당히 여유롭게 잘 코칭 세션을 이끌어가신 것 같다."고 평가했다. '역시 나의 코칭이 그렇게 나쁘지는 않았군!' 하며 내심 기분이 좋아졌다. 두 번째 심사위원의 피드백이 이어졌다. "코치님은 라포가 뭐라고 생각하세요?"라는 심사위원의 질문에 답을 하지 않자 심사위원은 "라포 형성을 거의 하지 않고 코칭 세션으로 바로 들어가신 것 같아요. 다음부터는 고객과 라포를 좀 더 형성하는 시간을 가지면 좋겠습니다."라고 말했다. '음, 내가 라포 형성을 제대로 안 했구나'라는 생각이 들었고, 몇 가지 피드백을 더 듣고서 코칭 시험은 마무리되었다.

시험 후 거의 2주가 지날 때쯤 KAC 코칭 시험의 합격자 발표가 났다. 설레는 마음을 안고서 '나는 합격을 했겠지?'라는 기대에 부풀어 있던 차에 '띠링' 문자가 왔다. 코치협회 홈페이지를 통해서 최종합격자를 확인하라는 것이다. 홈페이지에 접속하여서 합격자 명단을 확인하는데, 나의 동기들 대부분의 이름이 있는 그 합격자 명단에 내 이름은 없었다(훗날 알게 된 사실이지만, 코치인증시험 합격자에게는 당일 날 문자가 오지 않는다. 불합격자에게만 문자가 온다).

　직장생활을 시작하고 시험이라는 것을 볼일도 거의 없었고, 더군다나 자격증 시험을 볼 경험을 할 일이 없었다. 20년 만에 어쩌다 경영대학원에 입학하게 되었고, 거기에서 어쩌다 만나게 된 코칭을 1년 반 재미나게 공부도 한 건데… 코칭에 대해서 동기들과 이런저런 대화도 참 자주 나누고, 코칭실습도 KAC가 요구하는 수준 이상으로 하면서 맞이한 첫 코칭 시험에서 나는 불합격을 받게 되었다. 절망감, 아니 실망감? 그것뿐만 아니라 동기들 대부분 합격했는데 떨어지다니… '내가 하는 코칭이 모자랐나?' 하는 자책의 생각들이 머릿속을 메웠다. 혼란한 마음을 뒤로 하고 메일함을 뒤적거리며 내가 진행한 코칭의 각 항목의 평가 점수표와 평가 내용을 천천히 읽어 내려갔다. 피드백 때 지적받았던 것처럼 첫 평가 항목인 라포 형성에 낮은 점수를 받았다.

"라포라는 단어에 대하여 얼마나 알고 계세요?"
　인터넷에 검색하면 라포(Rapport)는 의사소통에서 상대방과 형성되는 친밀감 또는 신뢰관계라고 기술되어 있다. KAC 시험에 탈락하기

전까지 나에게 라포는 그냥 라포였다. 한마디로 말해서 '친한 정도'라고 이해를 하고 있었다. 시험을 치르기 위한 상황극이었기에 '라포라는 것이 그렇게 중요한가?'라고 생각했었는지도 모른다. 그런데 시험에 불합격하고 나니 다른 피드백보다 '라포'라는 단어가 머릿속을 맴돌았다. 더불어 지금까지 내가 코칭에 임하는 태도, 자세 및 마음가짐 등 여러 가지 사항에 대하여 다시 생각하게 되는 계기가 됐다.

여러분은 왜 사람들이 코칭을 한다고 생각을 하세요?
- 내가 원하는 목표를 달성하기 위해서
- 고민하는 문제를 해결하기 위해서

코칭의 최종에 있는 모습은 어떤 것들이 있는가? 바로 스스로가 원하는 모습, 목표를 이루었을 때의 성취감으로 가득 찬 형태들, 즉 어떤 것이 되었던 원하는 모습의 메시지가 가득하게 들어가 있을 것이다.

이런 원하는 모습으로 가득 찬 코칭의 결과를 이루기 위해서 '코칭의 처음은 어떻게 해야 할까?'라고 스스로 자문하기 시작했다. 지금껏 나의 코칭은 어떻게 보면 때로는 형식적이기도 하고, 때로는 실습 시간을 채우기 위한 모습이었던 것 같기도 했다. 어쩌다 고객이 내가 던진 질문에 "아하!" 하고 깨닫는 듯한 반응을 보일 때면, '나는 멋진 코치야!'라고 스스로 만족하는, 고객을 위한 코칭이 아닌 자아도취를 위한 코칭을 하고 있었는지도 모른다는 생각이 들었다.

코칭을 시작하기 전에 라포의 형성은 정말 좋은 코칭의 결과물을 이루는 데 아주 중요한 역할을 한다는 걸 이 KAC 불합격을 통해 깨달았다. 라포의 형성은 몇 차례 진행하는 세션 전체를 이끌어가기 위한 장기적인 부분도 있을 것이고, 매 세션에서 그날의 자그마한 목표를 이루기 위한 각각의 프로세스에서도 라포는 분명 필요하다. 세션 시작 전에 고객의 기분 상태를 무엇이든 실행할 수 있을 것 같은 의욕으로 채워주고, 그렇게 한껏 상승한 상태에서 시작하는 코칭의 결과가 어떨지 한번 상상을 해보라. 의욕 충만한 고객은 스스로 다양한 생각을 유발하고 지금껏 놓친 것도 스스로 되짚어볼 수 있게 되면서 정말 예상하지 못한 긍정적인 코칭의 결과가 나올 가능성이 크다. 하지만 지치고 힘든 상태, 불만과 걱정만 가득한 상황에서 시작하는 코칭은 어떨까? 아마 부정적인 생각에 파묻혀 코칭 진도가 나가기 어려울 것이다. 어쩌면 고객은 코치가 새로운 방안을 찾기 위해서 하는 질문 자체가 안 그래도 복잡한 머리를 더 아프게 하는 것 같아 코칭을 받고 싶지 않다는 생각에 이를 수도 있다.

코치는 고객과 익숙해져 가며 매 세션에서의 라포 형성에 자칫 소홀해질 수 있다. 즉 코칭의 시작점이 얼마나 중요한지에 대하여 간과하기 시작하는 것이다. 나는 지금까지 그 라포를 담은 시작점에 대해 중요하다고 생각하며 코칭을 해본 적 없는 것 같다. '지금까지 수차례 코칭 세션을 진행해왔는데 새삼스레 라포라는 것이 필요하겠어?', '오늘의 주제는 무엇이고, 내가 어떻게 하면 새로운 질문으로 그것을 해결해줄 수 있는지가 더 중요하지 않을까?'라는 나만의 판단에만 더 집중했던 것 같다. 그러나 코칭은 사람의 감정을 수반하는 일련의 과정이고, 그 속에서 고객 스스로 변화고 이루고 싶은 감정을 만들어 갈 수 있도록 돕는 것이다. 그러면 어디서부터 시작하는 것이 진정 고객을 위한 결과물을 만들어 낼 수 있을까?

매 코칭 세션 시작 전 고객의 지친 어깨를 다시 펼 수 있게 원하는 목표에 한 걸음 발을 내디딜 수 있는 원동력부터 만들어야 하지 않을까? 증기 기관차가 출발하기 위해서 엔진 룸에 수많은 석탄을 가득 채우고 있기만 하면 스스로 목적지로 도착할 수 있을까? 목적지, 가는 방법, 운전사 모든 것이 완벽하게 준비가 되어있을지라도 시작을 알리는 작은 불씨가 없으면 기차는 출발할 수가 없다. 나는 라포가 코칭에서 이 작은 불씨라고 생각한다. 작은 불씨는 전체 세션에서 필요하지만, 매 세션의 성공적인 코칭을 위해서는 꼭 필요한 것이다.

골프를 배우다 보면 많은 사람이 멋진 피니쉬를 만들기 위하여 골프채 던지기, 팔 펴기 등 다양한 피니쉬 자세를 연습한다. 그러나 많은 이들이 알고 있어도 쉽게 간과하고 있는 사실, 백스윙이 제대로 되지 않으면 절대로 좋은 피니쉬를 만들어 낼 수 없다. 코칭도 마찬가지다. 좋은 라포가 형성되지 않았는데, 좋은 코칭의 결과물을 얻을 수 있을까?

05

인재 개발의 다이버

백상현

Baek SangHyun

인재개발의 다이버

내 안의 거인을 깨우는 코칭에 빠지다

저는 평범한 직장인이면서 취미로 프리다이빙을 하고 있고 강사자격까지 취득하였습니다.
프리다이빙은 무호흡이라는 도전적인 상황에서 자신의 한계를 넓혀가는 스포츠입니다.
많은 프리다이버들을 교육하며 함께하는 강사의 피드백 한마디, 존재감 하나에
몇 년 동안 '난 안돼', '난 못해' 하던 것들이 극복되는 상황들을 목도해왔습니다.
말과 글로 표현이 어려운 이 가슴 벅찬 상황들이 무엇일까, 어떤 원리일까, 이 힘은 어디에서
나오나 항상 궁금했습니다. 그러한 상황에서 코칭을 접하게 되면서,
코칭의 철학, 원리, 프로세스가 내가 궁금해오던 이 상황을 정리하는 거구나
이 것은 내 취미에서 느껴오던 것들을 내 삶에 더 체계적으로 실용적으로 녹여낼 수 있겠구나
하는 직관(Serendipity)이 생겨 코칭을 시작하게 되었습니다.

코칭이란?

코칭의 철학에 맞게 모든 것이 자발적입니다. 코치인 저는
질문을 할 뿐이고 모든 것은 저의 아들이 주체가 되고,
스스로 끌어내게 만듭니다. 그리고 실행도 본인이 합니다.
저는 촉진자 역할을 할 뿐입니다.

내 안의 거인을 깨우는
코칭에 빠지다

코칭을 넘어 삶의 등대가 되어 준 멘토코칭, 나에게 많은 영향을 준 분은 버디코치를 하며 멘토코치도 해주신 한 기수 선배인 분이 있다. 대기업에 근무하며 대학원을 수학하고 치열하게 살아가면서도 항상 인생에 호기심과 향상성을 잃지 않으려 하는 생각이 비슷해 서로 말과 마음이 잘 통했다. 그래서 코칭에 대한 서로의 생각과 경험을 공유하며 때로는 서로 코칭을 주고받으며 많은 영향을 받게 되었다. 코칭이 직업이 아니면서도 전문적인 코치가 되기 위해 시간을 쪼개 공부하고 고민하며 같이 노력해왔다는 점에서 더욱더 서로에 대한 신뢰가 두터워졌다. 내가 이 멘토에게 받은 영향은 3가지 정도로 정리할 수 있다.

진정성

이 분을 통해 어떤 코치의 경력, 질문, 스킬, 프로세스보다 강력한 것이 바로 진정성이라는 생각을 하게 되었다. 어떻게 고객은 이런 진정성을 느끼게 될까?

우선 멘토는 나에 대한 깊은 '호기심'을 가지고 있다고 느꼈다. 어린아이처럼, 내가 생각하는 것, 경험한 것에 대해 어떻게 보면 내 가족, 연인, 배우자보다 더 깊은 호기심을 가지고 있었다. 그래서 질문들이 피드백들이 머리보다 가슴에 와 닿고 점점 내 깊은 내면을 이야기까지 하게 되면서 어떤 이야기도 할 수 있는 사람이 생겼구나 하는 든든함이 느껴졌다(참고로 같은 남자 동성입니다). 코치의 경력이나 스킬들은 경험이 쌓이면 능수능란해질 수 있겠지만, 자칫 공허해지기도 한다. 오히려 경력이나 스킬은 어설프더라도 진정성이 있으면 오히려 강력한 코치의 존재감을 발휘할 수 있지 않을까 하는 생각을 가지게 되었다.

학습과 성장

끝을 보려고 하는 성향으로 일에 대한 스트레스가 많아 잠을 못 자는 강박으로 힘든 시간을 보내고 있던 어느 날, 이러한 문제를 캐치한 이 분이 내게 명상을 추천했다. 명상에 대해서 공부를 했다며 명상의 효과와 쉽게 하는 방법, 그리고 직장인이 하루에 짧은 시간 효과적으로 할 수 있는 마이크로 명상법이라는 것을 내게 공유해주었다. 한번은 내가 조직의 리더로서 고민을 이야기하자 최근 기업의 리더십 이슈에 대해서 알아보고는 '리더의 자기인식(Self-Awareness)'이라는 주제를 제안하기도 했다. 리더는 자기가 누구이고, 무엇을 잘하고 못하는지, 어디서 동기부여가 되는지를 알게 되면, 다른 팔로워들에게도 그것을 적용할 수 있고 성과와 성장을 돕는 리더가 될 수 있다는 것이다. 이처럼 이 분은 내가 하는 말에서 모르는 것이 있으면 배우고, 도움을 줄 수 있는 것을 찾아 고객과 함께 성장하고자 하는 강한 의지와 열정의 에너지를 가지고 있다. 코칭을 삶을 성장시키는 도구로 적극 활용하고 함께 성장하는 이 분의 모습은 내 코치 생활에 긍정적인 영향을 미쳤다.

복기

이 분을 통해 코칭의 한 세션이 잘 끝나는 것도 중요하지만, 그 세션들이 연결될 때 훨씬 더 큰 힘이 생기는 것을 경험할 수 있었다. 코칭의 한 세션이 아무리 잘 끝나도 휘발되기 쉽다. 코칭의 바람직한 결과는 고객의 성장을 돕기 위해 실행되어야 하는데, 한 세션으로만 끝나게 되면 실행이 되지 않거나 한 발 더 내딛게 만드는 에너지로 자리 잡기 어려워진다. 그래서 어떻게 보면 정말 코칭의 승패는 코칭 중이 아니라 코칭 후가 아닌가 하는 생각도 든다. 이에 이분은 그냥 복기가 아닌 '깊은 복기'를 해야 함을 그다음 세션에서 느끼게 해줬다. 세션별로 실행에 대한 트래킹과 촉진은 물론, 지난 세션의 의미와 가치, 그리고 그것을 베이스캠프로 어떻게 한 발 더 나아갈 수 있을지 코치로서 깊은 생각과 고민을 담아 이야기했다.

가장 강력한 깨달음을 얻었던 부분은 세 세션에 걸쳐서 세 가지 키워드를 이야기했는데, "네 번째 세션에서 앞서 세 가지 키워드가 고객님이 이야기하신 가치와 어떻게 연결될 수 있습니까?"라고 질문했다.

간단한 질문이었지만, 복기를 통해 세션의 연결해 깨달음을 얻으며 코치님께도 감정의 동요를 감추기 어려웠던 기억이 있다. 이렇게 클라이언트의 단어 하나하나, 말 한 마디 한 마디, 세션 하나하나를 깊이 있게 복기할 때 앞 세션을 베이스캠프로 다음 세션을 더 깊게, 더 멀리, 더 높게 만들어가는 힘이 생기는구나 하는 것을 느낄 수 있었다.

그래서 이 분과의 버디코칭, 멘토코칭은 나에게 많은 자극과 변화를 주었고, 지금까지 이야기한 '진정성', '학습과 성장', '복기' 세 가지를 갖춘 코치가 되어야겠다는 다짐을 하게 만들었다.

사춘기 아들의 마음을 열어준 코칭

내게는 '전쟁도 막는다'는 사춘기 중학생 아들이 있다. 중학생 특유의 속 터지게 만드는 말, 말 안 들음, 자기만의 세계에 빠져 있는 것을 보고 아내가 펑펑 우는 모습을 한두 번 본 게 아니다. 그런 아들과 나의 끝을 보는 성격이 만나 집안이 여러 차례 뒤집힌 일도 종종 있었다. 그런데 더 큰 문제는 결국 나아지지 않는다는 것이다. 그냥 내가 포기해야 하나 싶었던 시점에 코칭을 접하게 되었고, 이를 훈육에 접목하게 되었다. 예전에는 아들의 행동이 교정 대상이라고 인식하고

'무엇이 잘못되었고, 어떻게 해야 하고, 그렇지 않으면 어떤 일이 일어날 것이다' 식의 마침표와 느낌표로만 이루어진 훈육이었다면, 코칭을 접목한 후 변하기 시작했다.

　우선 자녀를 교정의 대상이 아니라, 이미 무엇이든 충분히 할 수 있는 신뢰의 대상으로 바라보게 되었다. 그래서 아들과 나누는 대화도 마침표와 느낌표에서 점차 물음표가 늘어나게 되었다.

　예를 들어, 아버지로서 '이건 해, 이건 하지 마'라고 했던 말하기 방식을 '뭐 하고 싶어?', '그것을 하면 어떤 게 좋아?', '해보니 어때?' 등으로 바꾸게 되었다. 그래서 최근에는 실행의 결과물로 '자기가 더 나아지는 모습', '성장하는 모습'이 되기 위해 매주 3가지씩 아주 쉽게 할 수 있는 것들을 스스로 정해 실천해나가고 있다.

　코칭의 철학에 맞게 모든 것이 자발적으로 이뤄진다. 코치인 나는 질문할 뿐이고 모든 것은 아들이 주체가 되어 스스로 끌어내도록 하고 있다. 그리고 실행도 본인이 하게 한다. 나는 촉진자 역할을 할 뿐이다.

　실행계획이라고 해서 무슨 대단한 것을 설정하는 것은 아니다. '침대 위에서 뭐 먹지 않기', '게임을 제시간에 끊기'에서 '학원에 3분 먼저 가 있기' 등 충분히 지킬 수 있는 단순한 것들이다(이러한 작고 기본적인 것들을 지키지 않아 얼마나 부모 속을 터지게 했는지 상상이 가시나요…?).

성장과 변화라는 목표는 거창하게 느껴질 수 있는 단어들이지만, 시작은 작은 것(Small step)부터 아주 기본적인 것으로 정하는 것이 좋다. 이 작은 시작의 결과는 컸다. 우선 아내가 매일 많게는 수십 번씩 언성을 높이며 잔소리하던 것이 사라졌다. 한번은 아내가 아들에게 '알아서 잘 해줘서 너무 고맙다'고 말했다고 한다. 아들 본인도 잔소리로 점철되었던 일상생활이 자발적으로 무엇인가를 하고, 주위의 칭찬과 격려를 듣는 분위기로 반전되면서 삶의 활력을 느끼게 되었다고 한다. 이 작은 변화, 그리고 축적의 메커니즘이 아들의 성장 도구로 정착되어가고 있다. 가정에 잔소리와 고성이 줄고 대신 평화와 칭찬이 자리 잡게 되었다. 이렇게 코칭은 가정에도 훈육에도 그리고 나 자신에게도 큰 도움이 되었다. 코칭이 어떻게 이렇게 훈육에 도움이 될 수 있었을까?

처벌과 보상보다는 선택권을 주어라.

《마음의 작동법》이란 책에 나오는 말이다. 개인적 자율성이나 자기 결정성을 느끼고자 하는 욕구는 인간의 타고난 본성이다. 금전적 보상이나 위협, 기한 설정, 목표 제시, 감시, 평가 등이 내면의 동기를 훼손한다. 어떤 일을 하든 그것을 실행하는 방법에서 조금이라도 자율성을 인정받으면 집중도는 훨씬 높아진다. 선택권을 주는 것이야말로 인간의 자율성을 뒷받침하는 중요한 요소인 것이다.

통제를 위한 보상은 오히려 내면의 동기를 떨어뜨린다.

통제할 의도로 준 보상은 보상을 통해 강화하려 했던 그 동기를 오히려 꺾을 수 있다. 자발적으로 하게 만든다는 것이 오히려 더 큰 내면의 힘을 불러온다.

자율성을 북돋우면서도 그 한계설정만 해주면
책임감을 키울 수 있다

학교, 기업, 사회에서 목표와 구조, 한계를 설정하는 것은 중요하다. 자율성을 북돋우면서도 동시에 자율성의 한계를 설정하는 방법은 한계를 정해준 대상에 눈높이를 맞추고 그 대상이 수동적으로 통제당하는 존재가 아니라 상황을 주도할 능력이 있는 존재임을 인정한다면 자율성과 책임감을 키울 수 있다.

이렇게 스스로 선택권을 주고, 결정하고 주도할 능력이 있다는 것을 인정해주며 자발적으로 하게 하는 코칭의 힘을 다시 한번 느끼게 되었다.

06

피타고라스와 친구인

임은범

Lim EunBeom

피타고라스와 친구

코칭의 시작

수학과 전공, 수학 선생님의 코칭.
30대 중반이 되고 나서야 스스로에게, 인간관계에 관심을 갖기 시작한 지극히 자기 세
계에 빠져살며 지혜로운 사람이 되고 싶었던 즐거운 운둔 외톨이의 코치 도전 이야기.

나는 이런 코치가 되고 싶다

코치는 언제나 평정심을 가지고, 동일한 기
준에서 한결 같은 코칭을 해야한다.
나에게 어떤 코치란?
'따뜻한 평정심을 가진 코치가 되고 싶다'
이다.

수학과 전공,
수학 선생님의 코칭

언제 처음 코치라는 것을 생각하게 됐나요?

　학창 시절엔 축구에 관심이 많고, 많이 하기도 했다. 하지만 그것도 잘하는 정도였지 특별하게 잘하는 것은 아니기에 진로로 선택할 정도는 아니었다. 중학교 때부터 "나는 커서 뭐가 되면 좋을까?", "뭘 하면 잘할 수 있을까?"에 대한 고민을 많이 했다. 하지만 딱히 '이거다' 하는 것을 찾지는 못했다. 그러면서도 항상 생각해왔던 것은 '지혜로운 사람이 되고 싶다'였다. 현자와 같은, 성경에 나오는 랍비와 같은, 공자, 맹자같이 사람들에게 지혜를 주고 싶었다. 고민이 있는 사람들에게 요즘 표현으로 '사이다' 같은 도움을 주고 싶었다. 사람의 생각을 바꿀 수 있는, 관점을 바꿔줄 수 있는 명언으로 영향을 주고 싶었다. 하지만 그럴 때마다 어른들은 '그런 건 꿈이 될 수 없다'고 했다. 다들 직업이 될만한 것으로 정하라고 했다. 그래서 나는 더욱더 고민이 되었고 결국 찾지 못했었다. 긴 세월이 지나 지금 회사에서 처음으로 코치라는 것을 접하게 됐다. 코치는 내가 생각해왔던 '지혜로운 사람'에 최대한 근접한 '직업'이라는 생각이 들었고, 어느새 그 길에 들어서 있다.

코치란 무엇이라고 생각하나요?

　처음에는 사람의 삶에 도움을 주는 것으로 생각하고 시작했다. 그리고 배우면서는 고객이 원하는 삶을 살 수 있도록 도와주는 것이라고 배웠고 그렇게 믿고 실제로 그렇게 했다. 지금은 아직도 신생아 코치 수준이지만, '누군가의 삶을 도와준다'라는 것 자체가 나만의 생각이었다는 것을 깨달았다. 실제로 코칭을 하다 보면, 코칭이 뭔지도 잘 모르고 진행되는 세션을 그저 따라만 오는 고객들도 있다. 또 어떤 고객은 도움이 필요하지 않은 경우도 있다. 여기에서는 '도움'이라는 것을 다시 정의하게 된다. 처음 코칭을 할 때는 고객에게 도움이 되기 위해서 '경청'을 하고 '공감'을 하고 '질문'을 했다. 그렇게 해서 내가 생각하는 도움을 주려고 했다. 코치 기준에서의 '도움' 곧 '방법'으로 방향을 잡게 질문을 했다. 이때의 도움은 방법이었다.

　지금은 코칭할 때 고객에게 도움이나 방법을 주려고 하지 않는다. '이 코칭이 고객에게 도움이 됐구나'라 스스로 판단하지 않는다. 그 판단 역시 고객이 하는 것이다. 코치는 그저 있는 그대로를 듣고 피드백해줄 뿐이다. 지금 나에게 코칭은 '체'이다. 곡식을 분류할 때 사용하는 '체'. 고객이 하는 말을 코치라는 체에 곱게 쳐서 그 한 마디 한 마디를 분류하고 고객에게 다시 확인한다. 모든 것을 고객에게 맡긴다. 지금까지 내가 살아오면서 느끼고 배우고 알아온 모든 것은 내려놓는다. 내 경험으로 판단하여 분류한 것은 반드시 고객에게 다시 확인한다. 이 과정에서 질문의 기술이 많이 필요하다. 분류하고 고객에게 물어보다 보면 억양, 말투, 목소리의 높낮이에 따라 코칭이 되기도 취조가 되기도 한다.

이 기술은 배움으로 된다기보단 경험이다. 직접 해봐야 한다. 그렇지 않으면 절대 실력이 늘지 않는다. 순수한 아이의 호기심처럼 엄청난 관심과 궁금함을 가지고 질문을 하면 고객은 자신의 모든 것을 보여준다. 그래서 코칭은 어렵지만 쉽고 재밌지만 지겨운 것이기도 하다.

코칭을 잘하려면 뭐가 필요한가요?

미국에서 실제 있었던 일이라고 한다. 한 청년이 가족같이 함께 키워온 너무나도 소중한 반려견이 있었다. 사랑하는 사람을 만나 아름다운 가정도 반려견과 함께 만들었다. 그는 아내와 함께 자신들을 닮은 아이도 낳았고, 그 반려견도 아이를 돌보고 행복한 날을 보내고 있었다. 하루는 집에 식재료가 떨어져서 아이와 반려견을 집에 두고 아주 잠시 가까운 마트를 갔다. 돌아오니 반려견이 주차장에서 아주 반갑게 꼬리를 흔들며 자신을 맞아주었다. 그런데 자세히 보니 입에 새빨갛게 피가 묻어있었다. 순간 그는 아차 하며 아이를 떠올렸다. 바로 집으로 달려가 가지고 있던 총으로 자신이 그렇게도 아끼던 반려견을 쏴버렸다. 그리고는 한동안 움직이지 못하고 멍하니 쓰러진 반려견을 바라보고 있었다. 그때 방에서 아이의 울음소리가 들렸다. 정신이 들어 급히 아이에게 달려가 그는 아이를 보고 깜짝 놀랄 수밖에 없었다. 아이의 침대 옆에는 피투성이가 된 너구리가 쓰러져있었고, 아이는 잠에서 깨 울고 있었다.

이 이야기를 듣고 '오해'라는 단어가 스쳐 지나갔다. 입에 피가 묻은 반려견을 보고 바로 쏴버리는 것이 아니라 담담하게 아이를 먼저 확인했더라면 아이를 잃었다는 상실감을 느낄 필요도, 반려견을 쏴버리는 일도 없었을 것이다. 같은 상황에서 내가 어떻게 반응하느냐에 따라서 결과가 너무나도 크게 달라진다. 그리고 어떻게 반응할 것인지의 순서에 따라서도 결과가 달라진다. 비록 당장은 '아, 우리 개가 아이를 물었구나'라고 판단되더라도 그것은 내 판단이고 사실이 아닐 수도 있다. 특히 코칭을 할 때는 나의 판단은 절대 중요하지 않다. 고객이 사실을 어떻게 생각하고 받아들이고 있는지에 집중해야 한다. 그리고 고객이 생각하는, 원하는 일의 순서가 무엇인지에 파악해야 한다.

나는 항상 무언가를 할 때 그 일에 필요한 시간과 일의 순서를 예상하고 진행한다. 집안일에서도 마찬가지다. '거실 청소를 하고 설거지를 한 다음 쓰레기를 버리고 와야지 그러면 한 시간이면 충분할 거야'라고 생각하고 실행에 옮기려고 할 때 아내는 "아니, 거실 청소보단 설거지 먼저 해." 혹은 "그거 말고 아이 목욕을 시켜줘."라고 말한다. 그러면 나는 내가 생각한 순서가 꼬여서 일의 속도가 안 나고, 비효율적이라고 느끼며 감정이 격해진다. 그러곤 아내에게 "왜 내가 생각한 대로 못 하게 하냐!"며 짜증을 낸다. 나중에 다시 생각해보면 내가 정한 A-B-C의 순서에서 A-C-B거나 A-D-C-B로 바뀐 것뿐이다. 일의 순서만 바뀐 것인데 무언가가 엄청나게 변한 것처럼 짜증을 냈던 나 자신이 부끄럽게 느껴졌다.

　아내가 원하는 순서, 중요하게 생각하는 것은 나와 다를 수 있다. 코칭에서도 오늘의 주제와 목표 그리고 그것을 어떻게 할 것인지조차 고객이 원하고 고객의 순서로 진행돼야 한다. 그러기 위해서 코치에게 필요한 것을 전적으로 고객에게 집중하는 것이다. 코치가 곧 고객이 돼야 한다. 다만, 전지적 작가 시점처럼 고객 자신이 되어야 한다. 고객이 원하는 것, 느끼는 감정 등 모든 것을 공감해야 한다. 공감하되 동감해서는 안 된다. 공감하면서 고객의 관점보다 더 높은 위치에서 고객이 보지 못하는 방향을 봐야 한다. 그리고 그것을 고객이 볼 수 있도록 코칭해야 한다. 그렇기에 코치는 고객보다 더 많은 경험을 하고 많은 지식과 지혜가 있어야 한다. 꼭 그렇지 않더라도 한 발짝 뒤에서, 하늘 위에서 상황을 있는 그대로 그리고 다른 방향에서 볼 수 있는 능력이 필요하다.

　고객이 하는 말에서 감정을 함께 듣고, 감정은 공감하고 감정과 사실을 분리해 들을 수 있어야 한다. 나에게는 이 부분이 너무나도 어렵다. 사람들은 하는 말의 어투, 억양, 높낮이, 크기 심지어 표정과 손짓, 눈빛까지 그 모든 부분으로 표현한다. 하지만 나는 그것들을 못한다. 못한다고 생각했다. 지금은 할 수 있다. 정확하게 말하면 할 수 있다고 믿게 됐다. 할 수 있지만 속도가 느린 것이다. 코칭을 하면서 고객이 말하고자 하는 의도를 파악하는 것이 어려웠다. 그리고 내가 질문한 것이 고객이 나와 다르게 생각해서 답변하는 경우도 많았다. 공감도 연습을 통한 기계적인 공감을 했다. 마치 방청객이 호응하듯이 했다. 하지만 코칭을 배우면서 다른 코치님들의 코칭을 보고, 교수님의 코칭을 제3자의 입장에서 보니 그것들이 보였다. '지금 이 상황에서 고객은 어떤 의도로 어떤 감정으로 이야기하고 있구나', '저것은 감정이고 저것은 사실이구나'를 구별할 수 있게 되었다. 내 코칭을 다시 들으면서도 가능했다. 다만, 그것이 실시간으로 되지 않는다는 것을 깨달았다. 코치라는 부담감을 내려놓고 담담하게 들으며 도움이 아닌 듣는 것에만 집중하니 잘 들을 수 있었다. 이것을 코칭에서 어떻게 적용할지가 요즘에 최대 관심사이다. 실시간으로 이루어지고, 제3자의 입장에서 들을 수 있는 연습이 필요하다.

어떤 코치가 되고 싶은가요?

코치의 삶에 대해 많이 생각하게 된다. 어떤 코치보다는 코치의 자세에 대해 많이 생각한다. 코치에게 가장 필요한 것 중에 하나는 '평정심'이라고 생각한다. 코치의 평정심은 자존감과 건강한 자아하고도 연결된다고 본다. 강의를 들으면서 교수님의 사례와 동기들의 사례를 많이 듣게 된다. 나 역시도 CEO들을 코칭하고 싶다. 그러기 위해선 물론 실력도 중요하지만, 무엇보다도 건강한 자아가 필요하다.

CEO라 하면 대부분 대단하다. 자신의 삶에서 자신의 분야에서 확고한 신념과 목표, 열정을 가지고 있는 사람들이다. 이런 고객들을 코칭하면서 평정심을 유지하는 것은 대단하다. 그들이 돈을 많이 준다고 평정심을 유지 할 수 있는 것이 아니다. 또한, 코칭을 받은 이후에 더 잘 됐다고 대가를 더 바래서도 안 된다. 물론 처음 계약 조건에 상여금 내용을 포함한다면 가능하다. 하지만 '고객이 나와의 코칭으로 성장했고 큰 성과가 났으니 뭔가 보상을 주겠지' 하며 기대해선 안 된다. 하지만 사람이기에 금전적인 것에 대한 욕심이 생기는 것은 당연하다. 또 고객과 동등한 위치에서 코칭을 해야 한다. 코치가 고객보다 잘난 것도 아니고 대단한 기업의 중역이라고 해서 코치보다 잘난 것도 아니다. 코치는 언제나 평정심을 가지고 동일한 기준에서 한결같은 코칭을 해야 한다.

나에게 어떤 코치가 되고 싶으냐 묻는다면? 주저 없이 '따뜻한 평정심을 가진 코치'라 할 것이다.

코칭을 하면서 가장 어려웠던 것은 무엇인가요?

대학원에 들어와서 제대로 코칭을 배우기 시작했다. 처음에는 그냥 배워보자 정도의 생각으로 입학했다. 하지만 선배의 표현을 빌리자면, 핵심코칭역량 수업은 취미로 태권도를 시작했는데 알고 보니 국가대표 과정이었다. 그렇게 핵심2기는 '어쩌다 국대코치'가 되어가고 있다. 나 역시도 가볍게 시작했는데 하면 할수록 '잘할 수 있을까?' 하는 고민이 더 많아졌다. 원래도 인간관계를 잘 못 하는 성향인데, 20년 가까이 사회와 직장생활이 아닌 학생들을 상대하는 직업을 했고, 최근 6년은 그마저도 온라인으로 했다. 나의 인간관계는 지극히 제한적이었고 사람을 상대하는 기술은 전혀 없었다. 이런 상태에서 코칭을 하니 초반의 '라포'부터 어려웠다. 일반적인 대화에서도 상대방의 감정과 비언어적인 언어에 숨겨진 의도를 파악하기란 수능에서 가장 어려운 문제를 푸는 것보다 어려웠다. 그래서 수업 시간에 나에게 코칭은 수능 수학 30번이라고 발표를 했던 기억이 있다. 수능 수학 30번은 가장 어려운 문제이다. 하지만 그것을 천천히 꼼꼼하게 하나하나 풀다 보면 충분히 풀 수 있는 문제이고 이해할 수 있다. 그리고 그 문제를 푼다면 원하는 점수, 등급, 대학에 합격할 수 있다. 코칭에서 고객이 말하는 것을 풀어헤치고 공감하며 질문하는 것이 그만큼 어려웠다. 하지만 했을 때는 고객이 원하는 목표를 달성해나가는 것을 볼 수 있었다. 지금도 마찬가지로 고객과 라포를 형성하고 고객이 신나게 말할 수 있게 잘 듣고 질문하는 것이 가장 어렵다. 그동안은 나의 성향을 탓하고, 내 전공인 수학을 탓했다. 엄청난 이과이기에 불가능할 것으로 생각했다. 하지만 오히려 수학과를 전공했기에 다각적인 관점의 고찰과 감정을 뺀 사실 그대로를 받아들이는 것이 쉽게 느껴졌다. 아직은 대부분 코칭하면 상담이나 컨설팅과 비슷하게 생각하여 감정노동이 필수라는 인식이 있는 듯하다. 나의 지금까지의 경험에서는 오히려 이과 성향의 논리적인 사람이 조금의 감정을 파악하는 능력이 있다면 뛰어난 코치가 될 수 있다고 본다. 그리고 그 능력은 배움과 노력, 많은 실습을 통해 충분히 아니 월등해질 수 있다고 믿는다. 그래서 고객의 감정에 공감하기가 어렵지만 노력하고, 장점은 극대화해서 성장하는 코치가 되고 싶다.

07

교육계의 아이돌

주수연

MY NAME IS

Ju SooYeon

교육계의 아이돌

코칭의 시작

20대 중반 대학교를 졸업하고 전공을 살리고자 고군분투 취업란에 허우적거리다
희망하는 직무로 취업의 방향을 잡지 못한 저에게 코칭은 신선하면서도 사실 조금은
어색하고 불편한 분야였습니다. 회사의 방향은 티칭과 코칭을 접목시킨 수업이었지만
이 당시의 저는 티칭에 많이 집중을 했었어요. 왜냐하면, 티칭에 집중을 해도 학생들과
관계성이 좋았기 때문에 수업을 이끌어가는 것에 큰 문제가 없었거든요
그렇게 수업을 하며 지내다보니 어느날 문득 이미 저에게는 코칭이 스며들어 있다는
것을 알아차리게 되었어요.

나는 이런 코치가 되고 싶다

저는 당신과 마음을 나누며, 있는 그대로의 모습을 편견없이 바라보고,
당신의 무한한 잠재력을 격려와 지지를 통해 성장으로 연결할 수 있는
확신을 나누는 코치가 되겠습니다

저희도
인정받고 싶어요!

나는 평균 학생들과 최소 6개월에서 1~2년, 그 이상의 시간을 함께 공부한다. 거의 고3 졸업 시기까지 학생들과 적게는 일주일에 2번, 많으면 4번 정도 만나는데, 학생들과 함께 호흡하다 보면 어떤 날은 수업이 정말 매끄럽게 잘 진행되는 경우도 있고, 어떤 날은 나도 학생도 정체된 느낌을 받을 때가 있었다. 최대한 학생들을 만날 때 드러내지 않으려고 했지만 내 감정이 평온치 않은 날도 있었고 친구들, 부모님, 학교 선생님 등의 관계에서 어려운 부분이 생기거나, 본인의 성적 혹은 진로가 막연한 학생들이 온전히 학업에 집중할 수 없는 때가 있다. 이런 상황에 놓이게 되면 곱셈공식, 인수분해 등의 내용은 중요하지만 중요하지 않은 것이 되어버린다. 어른들도 마찬가지다. 무언가 일에 집중하고 싶어도 자신을 둘러싼 주변의 상황이 복잡하고 온전치 못할 때 참 막연하고 답답하다. 어른들도 이런데 학생들은 오죽하겠는가. 고민을 어떻게 해결을 해야 할지도 모르고 심지어 '해결'이라고 생각을 하지도 못하기도 한다. 아직 여러 경험이 없다 보니 사고의 틀이 그리 넓지 않기 때문인 듯하다.

어떤 날은 불편한 감정을 해소하는 것이 수업의 내용보다 더 중요한 것이 되어버릴 때가 많다. 이런 상황이 학생 한두 명만의 문제가 아니라는 것을 알았을 때 그때 조금씩 코칭이라는 것이 조금씩 내 귀에 들어오기 시작했다. 우선 존재 자체로 학생들을 인정해주고 끊임없이 칭찬과 격려를 해주면서 학생을 둘러싼 환경에 충분히 공감해주었다. 그리고 한 가지를 꼭 약속했다. "앞으로 네가 하고자 하는 것은 선생님이 함께해줄 거고, 혼자 어려움을 감당하려고 하지 말고 함께해보자."라고 말이다. 물론 학생들이 내게 속 깊은 이야기를 꺼내기까지는 시간이 걸린다. 흔히 많이 알고 있는 라포가 형성이 되어야 하기 때문이다. 그래도 성인들과 비교하면 학생들과의 라포 형성은 그리 오랜 시간이 걸리지 않는다.

나는 이 '라포' 형성에 있어 한 가지는 확실히 한다. 처음 만난 학생이어도 학생 방에 딱 들어서면 방의 분위기, 책상 위의 모습, 책상 앞 벽에 붙여놓은 것들 등 눈에 딱 들어오는 것들로 학생들의 성향을 파악하는 것이다. 그리고는 학생이 관심 있어 하는 요소에 내가 먼저 관심을 보이면 그 관심을 처음엔 낯설어 할 수도 있지만 거기서부터 '라포' 형성은 시작된다.

하나둘 관심을 표현하다 보면, 그 주제부터 이야기가 시작될 때도 있고 혹은 더 관계를 쌓은 후 고민거리들을 이야기하거나 진로에 대한 이야기를 깊게 시작하기도 한다. 어찌 보면 내가 지금 하는 역할은 학생들과 가까이 있으면서도 조금 더 객관적으로 학생의 상황을 보고 그들의 생각을 한 단계 더 확장할 수 있도록 돕는 것이다. 관심 하나, 나의 질문 하나로 학생들과 소통을 해나갈 때 느껴지는 묘미가 있다.

물론 표현이 서투른 친구들도 있지만 생각이 꽤 깊은 학생들도 있고, 나조차 생각하지 못한 이야기를 할 때도 많이 있다. 그런 이야기들을 펼쳐놓으면서 하나씩 성취해갈 방법들을 찾아보기도 하고, 그러다 보면 조금씩 학생들의 모습이 바뀌기 시작한다.

며칠 잘 지속이 되다가 다시 원상태로 돌아오기도 하고, 그럴 땐 조금 더 자극을 주면 거기서 좀 더 앞으로 나아가기도 하는 등 학생마다 사이클이 조금씩은 다르지만, 한 발 뒤로 물러서서 전체적인 진행을 지켜보고 더욱 전진할 수 있도록 하는 것. 이것이 학생들에게 내가 아는 코칭을 접목하는 부분이다.

학생을 코칭할 때, 혼자서 모든 것을 하기 어려운 면도 있다. 그럴 때는 나보다 더 적극적인, 든든한 지원군이 돼 줄 수 있는 학부모님들의 손을 빌리기도 한다. 어쩌면 내 역할보다 학부모님들의 역할이 더 크다고 볼 수도 있다. 왜냐하면, 학생들은 부모님께 더 인정받고 싶어 하고 더 잘하는 모습을 보이고 싶어 하기 때문이다. 그래서 부모님들께도 많이 부탁 드리곤 한다.

'제발'이라는 표현을 사용하며 학생 코칭에 힘을 보태달라 간절히 요청하면서도, 학생의 코칭을 위해 함께 해주시는 부모님들께도 감사 표현을 아끼지 않는다.

"어머니(아버님)~ ○○이 위해서 애 많이 쓰고 계신 부분 잘 알고 있습니다."

"힘이 들 때도 많으시죠?"

"요즘 ○○이가 이런저런 상황 때문에 고민이 많은 것 같아요. 상황이 조금 혼란스러운 것이지 절대 공부를 소홀히 하려고 하는 것은 아니니 너무 걱정 않으셔도 됩니다."

"우리 ○○이가 기특하게도 □□ 부분을 생각하고 있고, △△까지 노력도 하고 있어요~! 부모님이 보시기에 아직 큰 만족이 되지 않으실 수도 있지만 이렇게 노력하고 있는 부분은 인정해주시고 많이 격려해주세요."

부모님의 칭찬, 격려 한마디가 코치인 내 말 한마디보다 더 큰 힘을 발휘할 때가 있다. 그래서 작은 부분도 더 크게 말씀드리고 격려를 부탁 드릴 때가 많다. 내가 이런 말 하기 방식으로 부모님과 이야기를 나눌 때면 옆에 있던 학생들도 살짝 어색해는 하지만 내심 좋아하며 입꼬리가 올라가는 경우가 많다.

어느 부모님께서는 "아휴 선생님, 이렇게까지 해줘야 하나요? 고등학생이나 됐는데 애도 아니고…."라는 말씀을 하시기도 했다.

맞다. 꼬맹이, 어린아이들도 아닌 학생들에게 이렇게까지 칭찬과 격려하기는 쉽지 않을 수 있다. 하지만 가정에서 이런 식의 인정, 칭찬을 받지 못한다면 학생은 도대체 어디에서, 어떻게 더 자신감을 길러갈 수 있을까? 더군다나 학생들에게 있어 부모님은 강력한 지원군인데 말이다.

어른이 된 나도,
인정받고 싶어!

　최근 코칭을 조금 더 전문적으로 배우면서부터는 학부모님들과도 코칭세션을 다수 진행하는데, 어른들도 비슷하다는 생각을 많이 한다. 어른 역시, 자신의 생각을 다시 한번 확인받고 싶어한다. 무엇보다 자식을 키우면서, 회사 일을 하면서 묵혀뒀던 계획과 목표들을 하나, 둘 점검하고 싶어 하고 또 불현듯 발생하는 불편한 관계들을 해소하고 싶어 하고, 본인에 대한 인정을 필요로 하고, 스스로에게 더욱 집중하면서 생각하고 있던 부분들을 하나씩 점검, 확인하고 어려움을 극복하고 싶어하는 것을 많이 봐왔다. 이런 이야기들을 주고받으면서 함께 고민하면서 주어진 상황들을 함께 하고 있는 내 모습을 보면서 '코칭 공부하기를 잘했다'라는 생각이 참 많이 들었다. 무엇보다 그분들께 힘이 될 수 있는 지지자가 되었을 때 그 기분이 좋았다. 물론 고객이 조금씩 움직이며 변화의 모습을 보일 때가 가장 가슴이 벅차올랐다.

　어느 날, 고객분들이 내게 공통으로 한 말이 있다.
　"누군가 제 말을 이렇게 귀 기울여 들어주고, 꿈을 물어봐 주는 사람이 없었는데 선생님과(혹은 코치님과) 이런 이야기들을 할 수 있어서 정말 좋아요. 이제는 조금씩 무언가 할 수 있을 것 같아요!"

아직 뛰어난 코칭 전문가는 아니지만 코칭을 공부하는 내겐 너무나 큰 힘이 되는 말이었다. 앞으로 쭉 이 공부를 더 열심히 해야겠다는 다짐도 하게 되었다.

인정(人情) 많은 코치, 인정(認定)하는 코치

1년 전 대학원에서 코칭 공부를 전문적으로 시작할 때는 욕심을 내서 '빨리, 더 고급 스킬을 배워서 적용해야겠다'고 생각했다면, 요즘에는 '제대로 밟으면서 코칭 공부를 하자'라고 바뀌게 되었다.

내가 지향하고자 하는 방향은 비즈니스코칭 분야로 더욱 전문성을 키워야 하는 부분이지만 코칭을 배우면 배울수록, 더 접할수록 '코치 역할을 할 내가 좀 더 반듯하고 현명해야겠구나' 하는 생각을 하게 됐다. 그래야 내가 만나는 모든 분께 나의 선한 영향력을 발휘할 것이고 그렇게 더욱 잘 성장해야 나와 미래의 클라이언트가 함께 윈윈(win-win) 할 수 있을 테니 말이다.

요즘에는 가랑비에 옷 젖듯 스며드는 코칭을 하는 것이 내 목표이다. 내가 경험하는 삶의 전 범위 내에서 코칭을 공부하며 배웠던 여러 스킬들을 접목해보고 싶기도 하고 실생활에서 작게나마 하나씩 그것들을 실천해봐도 경험치가 많이 쌓일 것이라는 생각이 들었다.

20대에 막연하게 접했던 코칭의 부분들이 자연스럽게 내 삶에 스며들며 전체를 적셔가다 보면, 지금 느끼는 것 이상으로 앞으로 10년, 20년 후 내 모습은 지금보다 훨씬 더 멋지게 성장해있을 거라 기대하고 있다. 무엇보다 제대로 성장
해서 중국 대륙에서도 활동하는
국가대표급 코치로 성장하기 위
해 더더욱 노력할 예정이다.

혼자서는 절대 할 수 없는 부
분이기도 하다. 내가 만나고 있
는 혹은 이미 졸업한 학생들과
학부모님들, 회사의 전폭적인
지원, 첫 멘토 코치님과 코칭 교수님들, 더불어 아주대 경영대학원에
서 만난 모든 국가대표급 코치님들이 함께 해주고 계시기에 내가 이
렇게 큰 꿈을 꿀 수 있고 더욱 목표를 달성해갈 수 있지 않을까 싶다.

앞으로도 도움이 필요한 이들에게 마음을 나누며, 있는 그대로의
모습을 편견 없이 바라보고, 당신의 무한한 잠재력을 격려와 지지를
통해 성장으로 연결할 수 있는, 확신을 나누는 코치가 되고 싶다.

에필로그 – 2037년 5월, 따사로운 햇살이 가득한 상하이 푸동에서

오늘은 가슴이 벅차올라 오랜만에 펜을 들었다. 한국에서 나와 코
칭을 했던 클라이언트가 중국지사에 파견되었는데, 중국지사 내에 팀
장급 그룹 코칭을 제안하여 벌써 수차례 중국 땅을 밟고 있다. 그간
중국에서 활동하기를 고대했던 순간이 얼마나 되었던가! 내게 이런

기회가 오다니 내 인생의 큰 축인 중국과 코칭, 이 둘은 참 묘한 인연이다.

이번에는 약속된 시간보다 며칠 더 빨리 상해에 도착했다. 한국을 떠나 혼자만의 시간을 보내고 싶기도 했고, 오랜만에 시간을 길게 냈는데, 빨리 와서 상해 곳곳을 누벼야 하지 않겠는가! 나는 20년 전 상하이를 처음 왔을 때 그 순간을 잊을 수가 없다. 대학 교환학생 시절을 보냈던 하얼빈과 달리 어쩜 이리 건물도 화려하고 도로가 깨끗한지 하얼빈 저 끝 지방에 있다가 대도시에 처음 상경한 어색한 기분이랄까? 대도시 스케일에 압도되기도 했지만 그렇게 처음 접한 상하이는 신선함과 화려함의 총체였다. 역시 지금도 변함없지만….

코칭을 공부하지 않았다면 내가 지금 이 자리에 올 수 있었을까. 그때는 막연하게 '중국에서도 코칭할 수 있는 날이 왔으면 좋겠어요'라며 수줍게 고백을 했는데 어느새 이제는 나도 유명 기업에서 찾는 코치가 되어있다. 꾸준히 중국어 공부를 하고 있는 덕분에 이런 기회가 예상보다 더 빠르게 찾아왔나 싶기도 하다. 좋아하고 잘하고 싶어하는 만큼 중국어나 코칭이나 아직도 부담스럽긴 마찬가지이지만, 좋아하는 언어를 쓰며 코칭을 매개로 여러 사람들과 다양한 이야기들을 나눌 수 있다는 것이 참 감사한 일이다. 학교에서 내 수업을 듣고 있는 학생들이 간혹 중국에서 코칭하면 어떤지 소감을 묻곤 한다. 매 순간 긴장되고, 설레고, 가슴이 벅차오른다. 코칭을 하며 주고받을 수 있는 표현에 한계를 느낄 때도 있고, 그만큼 어려움도 있다. 그런데 화려한 중국어를 쓰지 않아도 사람과 사람 간의 공감하고 표현하고 느끼는 것들은 매한가지인듯하다. 아직도 표현이 어설픈 나를 그래도 회사에서 찾아주니 말이다. 중국어를 쓰면서 일하고 싶었던 어린 소녀가 이렇게 중년의 나이가 되어 그 꿈을 이뤄가니 이 정도면 내 학생들, 후배들을 위해 꿈을 포기하지 말고 좇아가라는 메시지를 전하는 것도 좋겠지! 아직 생각에만 머물고 있었는데 내일은 호텔 루프탑 카페에 가서 상하이 전체를 한눈에 내려다보며 넓은 관점으로 책에 대한 아이디어를 좀 써봐야겠다.

나를 찾고 싶어서 시작했던 과정이 어느새 삶 일부가 되었다. 자만하지 않고 겸손하게 주어진 상황을 감사히 받아들이며 더 좋은 사람이 되어야겠다. 상하이. 지금 이곳에서 보고, 듣고, 느끼고, 다짐하는 것들 모두 평생 잊을 수 없을 것이다. 나는 생각이 유연하며 인정 많은, 만나는 사람들이 인정하는 인정코치로 영원히 기억되고 싶다.

존재만으로도 코칭을 하는 그 날까지 앞으로도 꾸준히 파이팅!

08

동물도 코칭 하시나요?
선생님

한대경

Han DaeKyung

동물도 코칭 하시나요? 선생님

코칭의 시작

사실 나는 비즈니스와는 조금 거리가 있는 수의사라는 직업이다 보니 막상 경영대학원
에 진학하지만 뭘 선택해야 할 지 모르던 중에 상담가와 비슷하기도 하고, 컨설팅과도
비슷한 듯하여 동물 진료와 비슷하겠다라는 생각에 덥석 선택해버린 터였다.
이렇게 해서 내 인생에 코치로서의 제2막이 시작되고 있었다.

나는 이런 코치가 되고 싶다

내 질문은 내 고객에게 용기와 힘을 줄 수 있을 것이며, 나 또한 고객의 성장을 통해 한발 더
멀리 나아갈 것이다. 코치로서의 삶은 나를 더욱 발전시키고 보다 성숙한 인간으로 거듭날
수 있도록 구를 수 있는 발판이 될 것이다.
준비는 끝났다. 이제 시작하자!!

말씀하세요, 듣고 있어요

　오늘도 어김없이 아침에 책상의 전화벨이 울린다. 전화를 받자 불만이 가득한 목소리가 수화기 저 너머 들려오기 시작한다. 불만의 종류는 다양하다. 내 연구 심사는 언제 완료되는 것이냐, '예전에는 안 그래도 되었는데 뭐가 문제인 것이냐', '도대체 한 선생은 연구를 방해하려고 그 자리에 있는 것이냐' 등 여러 가지 불만들을 토로한다. 현재 직장에서 일한 지 10년 가까이 되니 이제는 대다수 불만에 대한 대처가 정해져 있는 듯했으며, 심한 경우 아침부터 고성이 오고 가는 경우도 허다했다. 과연 그렇게 치열하게 해야만 했던 이유는 무엇이었을까? 마치 공성전과 같이 지키고자 하는 이와 그걸 함락하려는 이처럼 누가 옳고 그름에만 매달려야 했을까? 사실 이런 질문을 할 생각도 하지 못했거니와 반드시 내가 생각하는 객관적인 주장이 상대에게 받아들여져야 한다는 독선을 가지고 상대와 대화를 나눴던 것으로 생각된다. 이러한 나 자신을 돌아볼 수 있던 계기를 마련하게 된 이유는 무엇일까?

　코칭을 공부하던 1년간의 시간이 나로 하여금 어떠한 마음의 변화를 끌어내게 되었는지 곰곰이 생각하는 시간을 가져보았다. 사실 나는 말을 듣는 것보다는 말하는 것을 더 좋아하는 사람에 속한다. 학창

시절에 학생회장 선거 대변인을 하고, 학생 말하기 대회에 나가기도 했으며, 행사에서 사회를 도맡아 하는 등 리더십이라는 단어보다는 남들 앞에서 말하는 것을 좋아했던 사람이었던 것 같다. 또한, 성인이 되어서는 학생들에게 뭔가를 전해주고 싶은 열망에 잠시나마 교단에서 강의도 해보았다. 이렇게 누군가의 앞에서 말하기 좋아하는 사람이 남의 말을 잘 귀 기울여 들을 수 있을까? 결코 쉽지 않은 일이었다. 나 자신이 나름대로 직업적 자부심으로 내 의견을 얘기하는 것이 당연했으며, 그에 대해 보람도 느꼈었다. 지금 생각해보면 너무나도 고집스러운 일면만을 가지고 있었던 것이 아닌지 부끄러울 따름이다.

이런 내게 찾아온 변화는 내면에서 일어난 것인지 아니면 외적인 요인에 의해 변화가 생긴 것인지 해답을 찾기 시작했으며, 알기까지 그리 오래 걸리지 않았다. '코칭', 이 한 단어로 답을 찾을 수 있었다. 경영대학원에 입학하여 처음으로 코칭을 접하던 그때, 정말 아무것도 모르는 백지장 상태로 멍하니 화상 수업을 받던 그 날 이후로 삶의 축은 조금씩 다른 방향으로 움직이고 있었다. 코칭이란 무엇인가. 코치로 사는 삶은 어떤가. 그로 인해 나에게 찾아오는 변화는 무엇이고 내 미래는 어디로 가는 것일까 이런 수많은 질문이 머릿속을 맴돌았으며, '과연 잘해낼 수 있을까'라는 두려움도 한편에 자리 잡고 있었다. 아마 나 이외에 같이 코칭수업을 받던 다른 동기들도 같은 생각을 하고 있었을지도 모른다. 그렇다고 주저할 수만은 없었다. 일단 발을 내디뎠으니 '어디로 향하든 한번 가보자'라는 마음으로 어리둥절하고 불안함을 느끼는 마음을 다스리며 그렇게 코칭 강의를 들었다.

　새로운 지식, 다양한 사람들과의 만남, 자격증 획득을 위한 과정의
준비와 실행, 이 모든 것들이 하나씩 하나씩 익숙해지며, 나도 모르게
코칭이 내 생활의 일부가 되어가고 있음을 느꼈다. 가장 먼저 내 삶을
변화시킨 것은 코칭의 핵심 3요소 '경청, 질문, 피드백' 중 '경청'이었
다. 듣지 않으면 알 수가 없었다. 내 지식이나 사실을 전해주는 것은
코치가 할 일이 아니다. 고객이 본인의 고민과 문제를 스스로 느끼고
자신 안에 있는 무언가를 꺼내야만 한다. 나는 그저 같이 보조를 맞춰
나가는 '옆 사람'으로 고객의 말을 듣고 기억해주고, 정리할 수 있게
상기시켜주는 것이 코치로서의 가장 큰 역할이지 않을까 생각했다.

　처음으로 대학원 선배 코치님과 코칭 세션을 진행하던 날 나에게
우선 한번 코칭을 해보라는 그날이 아직도 생생하게 느껴진다. 어디
서부터 어디까지 무엇을 해야 하는지, 배운 것이라고는 '경청'밖에 없
는데 참으로 막막했다. 중간에 내 성격을 이기지 못하고 말을 끼어들
자 "원우님, 지금 제가 얘기하고 있는 중이에요."라는 일침이 날아왔
다. 순간 '아차' 하며 부끄러움에 시선을 어디에 둬야 할지, 실제 고객
이었다면 이 대화는 그냥 만담일 뿐이야 라는 생각이 머릿속을 어지
럽혔다. 그때부터 상대가 말하는 순간에 입술에 힘을 주기 시작했다.
절대 입술을 떼지 않으리라, 나는 버틸 수 있다. 이것보다 더 큰 한방
이 있을지도 몰라 이런 생각을 하면서 내 안에 가득한 호기심들을 달

래면서 묵묵히 듣기 시작했다.

그저 막막하기만 하고 어디서부터 시작해야 할지 모르던 코칭은 '경청'이라는 든든한 지원군을 만남으로서 시나브로 내 안에 자리 잡기 시작했다. 물론 경청만이 코칭에 있어 만능인 스킬은 아니었다. 특히 목표 설정이라는 아주 거대한 산이 기다리고 있었으며, 경청은 산에 올라 정상으로 도달할 수 있게 해주는 길잡이 같다는 생각이 들기 시작했다. 그럼에도 불구하고 이렇게 짧은 글 내에서 경청을 가장 중요하게 생각하는 이유는 무엇일까?

그것은 바로 목표 설정보다 우리의 실생활에서 가장 요긴하게 적용할 수 있는데, 다른 사람으로 하여금 나를 좀 더 이해심이 많은 성숙한 사람으로 만들어 줄 수 있는 사람과의 관계에서 중요한 스킬이라고 생각한다. 물론 인생에 있어 목표 설정은 매우 중요한 요소이다. 하지만 사람은 사회적 동물이고 누군가에게나 인정받고 싶어하는 존재이므로 내가 다른 이의 말을 조금이라도 더 들어주게 된다면 그 사람은 나에게 존중받고 있음을 느끼리라 본다. 자기 개성이 뚜렷한 현대 사회에서 나이의 고하와 성별, 직업, 관계 등을 떠나 내가 누군가의 개성과 인격을 존중하는 행위를 한다면, 나 또한 그 누군가에게 존중받을 수 있지 않을까 생각한다. 내가 말을 잘 들어주는 일이 늘어날수록 상대도 나를 보며 뭔가 느끼는 날이 오게 될 것이다. 코치로서의 이제 막 1년이 지난 시점에서 아직은 많은 이들이 목소리에 모두 귀 기울이지는 못한다. 그러나 이것 하나는 확실하다. 나 자신이 변했다는 것. 무조건적인 내 주장을 내세우기보다는 우선 상대의 의견을 먼저 존중해보는 것. 찰나처럼 짧은 삶에서 내 생각만 남에게 강요해 서로의 마음에 상처를 주고 극복하는 데 시간을 낭비하는 것은 결코 보람된 삶은 아닐 것이다.

이제라도 경청할 수 있게 된 것은 나에게 있어 너무나도 큰 축복이자 변화일 수밖에 없다. 습관이란 것이 참 무섭기에 코칭이 아닌 일상생활에서도 자연스럽게 경청하고자 노력하는 나 자신을 찾아볼 수 있게 되었다. 상대방과 대화 중 동시에 대화가 겹치는 경우 먼저 발언하도록 권유하는 것과 상대의 말이 끝을 맺은 것인지 한 번 더 생각하고 내 의견을 말하겠다는 의지를 표명하게 된 것. 이 모든 것이 듣는 습관에서 출발하게 되었다.

비단 이러한 듣는 습관은 일상에서뿐만 아니라 업무에서도 그 효과를 발휘하기 시작했다. 내 의견만 내세우던 예전의 모습과 달리 우선은 듣고 상대의 요구사항이나 불만이 다 끝났는지 확인한다. 박수도 손바닥이 마주쳐야 소리가 나는 법 한쪽이 들어주니 그만큼 불만의 시간도 줄어들고 서로 해결해나가는 방향을 조금은 차분한 마음가짐의 상태에서 진행하는 횟수가 늘어나게 되었다. 생각해보면 그들의 응어리를 풀어줘야 할 필요가 있음을 나는 이제까지 깨닫지 못했던 것 같다. 이제 내가 그들에게 해줄 수 있는 아주 작은 관심의 표현이 무엇인지 알 수 있다. 터져 나오는 그들 마음속에 맺힌 화를 들어주는 것부터 시작한다면, 언젠가 그들도 나를 이해하는 시간이 찾아올 것 같다. 코칭으로 시작된 내 삶의 변화 그 중심에 '경청'이 있다. 나는 오늘도 그들의 목소리를 듣는다.

"말씀하세요. 선생님, 듣고 있습니다."

코칭이 뭐예요?
질문만 하시는군요?

처음 코치라는 단어를 어디서 들어봤을까? '어 보통 스포츠에서 감독 밑에 선수들 지도해주는 사람이 코치 아니야? 그리고 그 코치들이 감독 되는 것 아닌가?' 흔히들 스포츠의 코칭스탭이란 말이 익숙할 것이다. 나 역시도 코치들은 운동선수가 자세를 교정하거나 훈련의 방향을 지시하는 트레이너의 역할에 가깝다고 생각했다. 허나 대학원 모집요강에서 본 코칭전공은 내가 알던 코칭이란 내용과 같으리라 생각했었다. 다만 비즈니스코칭? 뭔가 비즈니스를 잘하게 지식이나 기술을 전달하는 것인가 아니면, 임원들에게 나아갈 방향을 제시하는 조언자 같은 역할인가, 회사에서 어떤 스킬을 연마하도록 도움을 주는 역할을 하는 트레이너인가? 이런 많은 생각이 코칭수업을 받기 전까지 궁금증으로 남아 있었다.

코칭수업을 처음 듣는 날 '어 이건 내가 생각한 그런 코치의 역할이 아닌데…. 뭔가 사람들의 궁금증을 자아내게 하여 깨닫게 한다는 기본 전제 조건이 깔린 이건 뭐지? 내가 알려주는 것이 아닌 본인 안에 답이 있다고?' 뭔가 알쏭달쏭한 내용들이 비즈니스라기보다는 철학에 가까운 것이 아닐까 하는 생각이 들었다.

'듣고 질문을 통해 사람을 변화시킨다. 단, 그 질문에 질문자의 생각이 들어가서는 안 된다. 뭔가 깨우칠 수 있는 강력한 질문이 필요하다. 자신의 호기심이 담긴 질문과 긴 질문은 삼가는 것이 좋다. 질문에 부정적인 대답이 나오는 경우 물고 늘어지지 말고 바로 수긍하라'. 이와 같은 질문의 유의 사항을 접했을 때 나에게 드는 생각은 딱 하나였다. '뭘 질문해야 하는 거야?' 이후로도 코칭 세션에서 고객에게 질문 시 내가 올바른 질문을 한 게 맞는지 의구심이 드는 경우도 있었으며, 어떤 일련의 사건을 통해 한동안은 코칭을 시작하는 첫 단계부터 말문이 막혀 질문할 수 없는 트라우마까지 겪게 되었다. 질문의 막힘은 생각보다 오랫동안 지속했다. 심지어 내가 코칭을 그만둬야 하는 것이 아닌지, 자질이 없는 것은 아닌지에 대한 강박관념까지 따라다니며, 더 깊은 수렁 속으로 끌려들어만 가는 것 같았다.

'도대체 어디서부터 풀어나가야 할까? 누구와 얘기해야 할 것인가? 마음속에서 망설이고 있는 것은 무엇이지? 내가 지금 여기서 무엇을 하고 있는 것이지?' 수많은 고민으로 나아갈 방향을 찾지 못하고 있을 때 주변 여러 사람의 도움으로 가까스로 슬럼프라고 부르기에도 민

망한 시기를 이겨낼 수 있었다. 도움을 주신 주변 여러분께 한분 한분 찾아뵙고 다 감사의 말씀을 전해드리고 싶지만, 그때의 부끄러운 모습이 다시 상기되는 것 같아 이 글을 빌려 감사를 드리고 싶다.

그만큼 질문은 내게 힘든 역경이었으며, 아직도 숙제로 남아있다. 강력한 질문을 통해 사람의 마음을 움직이고 행동하게 하는 그런 질문을 할 수 있게 되는 때는 언제일까, 얼마의 시간과 노력이 필요할지 가늠하기가 힘들다. 물론 답은 내 안에 있으며 그것을 이겨내는 것도 나의 성장에 한 조각과 같다고 생각한다. 이제 막 걸음마를 떼기 시작한 시점에서 달리고 높이 뛰어오름에 욕심을 부리는 것은 과유불급(過猶不及)이다. 지금 돌이켜보면 아마도 잘하고 싶다는 욕심이 불러온 하나의 성장통이 아닐까 생각한다.

코치로서의 삶을 통한 질문의 방식은 코칭 세션만 아니라 내 생활에서도 많은 변화를 가져왔다. 우선 잘 듣는 법 즉, 경청이 어느 정도는 몸에 배기 시작하면서 질문의 방식도 바뀌기 시작했다. 상대의 말을 들으면서 상대의 입장을 생각하게 되고, 원하는 바가 무엇인지, 어떤 것을 추구하는지, 결국 어떻게 하겠다는 것인지를 먼저 알게 됨으로써 자연스럽게 다음에 나오는 나의 질문과 의견은 달라졌다. 과거의 나였다면 '선생님 그건 아닙니다. 이게 맞습니다.'라는 말이 먼저 튀어나왔을 것이다. 그러나 지금은 일단 들은 후 '그럼 선생님 어떻게 하시면 좋겠어요?'라는 진정으로 상대가 원하는 모습에 관해 묻곤 한다. 물론, 모든 경우에 다 이렇게 하는 것은 아니지만, 법과 규정에 어긋나는 일이 아닌 경우 상대의 의견을 존중하고자 노력하고 있다.

　이러한 나의 변화에 같은 사무실 직원들은 조금 의아해한다. 어느 날인가 직원들에게 요즘 내가 연구자들을 대하는 태도가 어떤지 물어 본 적이 있다. 내 물음에 "선생님 요즘 많이 침착해지셨어요. 연륜과 경험이 쌓인 것 같아요."라는 말이 아닌 "이제 나이 드셨나 봐요. 다 귀찮으신 듯 보입니다. 이제 편하게 사세요. 욕 좀 그만 먹으시고요." 이 말을 듣는 순간 딱 드는 생각은 '아! 아직 멀었구나'였다. 나름 코칭을 통해 삶의 변화가 찾아왔다고 생각했으나 그건 오직 나만의 생각이었던 것이었다. 나름 변화되었다고 생각했는데, 주변에 비치는 모습은 소위 말하는 귀차니즘으로 보인 것이다.

　이에 직원들과의 소통을 겸해서 코칭에 대해 설명하고 직접 코칭을 받아보길 권유하였다. 몇 명과의 세션에서 받은 첫 번째 피드백은 "선생님 질문만 하시네요. 뭔가 답을 주시는 게 아니네요."였다. 아차! 오랜 시간 같이 근무한 직원들이라 라포 형성과 코칭 설명에 큰 신경을 쓰지 않은 것이 오산이었다. 가까운 사이라도 충분히 시간을 들이고 명확하게 설명해야 하는데 너무나도 당연한 것으로 생각해 놓쳤던 부분이 부메랑이 되어 나에게 돌아오는 순간이었다. 어떻게 보면 정말 다행이라 생각한다. 실제 비즈니스나 초면인 고객과 만나는 자리에서 이와 같은 실수를 했다면 어땠을까? 뭐 불을 보듯 뻔하지만, 고객과 나 자신 모두 대화의 숲에서 헤매고 있으리라 예상된다. '이 사람은 왜 질문만 하고 나만 멀뚱멀뚱 쳐다보면서 입술을 굳게 다물고

만 있는지, 난 더 말할 것이 없는데 답은 주지 않고 계속 질문만 하니 답답하고, 아니면 그냥 질문도 하지 말고 그냥 들어만 주던지, 아~집에 가고 싶다.' 고객은 이런 느낌을 받을 수 있을 것이고 죽도 밥도 아닌 대화의 흐름은 계속될 것이다. 결국 나는 코치로서 자격이 불충분하게 되는 것이다.

직원과의 세션은 꽤나 자극적이었다. 직장에서의 상하 관계이므로 다소 어려워할 것으로 생각한 것도 나의 독단이었으며, 충분한 사전 설명이 얼마나 중요한 것인지 특히 "선생님 질문만 하시네요?" 이 말이 나오기까지 내가 범한 오류 그리고 앞으로 무엇을 해야 하고 하지 말아야 할지를 명확하게 뇌리에 새기게 되는 일련의 사건이었다.

이제는 같은 실수를 반복하지 않으려 노력한다. 아무리 친한 관계의 사람이라 해도 충분한 설명을 먼저 진행하며, 그 사람을 이해하려 하고 주변의 눈치를 보지 않는다. 다소 주눅이 들어 웅크려 있던 자세는 좀 더 멀리 뛰기 위함이라 나는 좀 더 나아가고자 한다. 내 질문은 내 고객에게 용기와 힘을 줄 수 있을 것이며, 나 또한 고객의 성장을 통해 한발 더 멀리 나아갈 것이다. 코치로서의 삶은 나를 더욱 발전시키고 보다 성숙한 인간으로 거듭날 수 있도록 구를 수 있는 발판이 될 것이다.

준비는 끝났다. 이제 시작하자!!

09

반짝이는 향기와
나누는 춤, 봄바람 코치

김수빈

Gim SuBin

반짝이는 향기와 나누는 춤, 봄바람 코치

코칭의 시작

아이의 질문으로 나의 꿈에 대해 생각한 지 2년 정도가 지났다. 거창하게 들리는 인생의 가치나 성공의 의미에 대한 탐구의 시작은 '무엇이 되고 싶은가' 라는 아이의 단순한 질문이었다. 덕분에 질문의 힘과 코칭을 알게 되었다. 나는 지금 뜨거운 여름의 한복판에서 코칭을 배우고, 코칭을 하고, 코칭을 받는다. 가만히 있어도 시간은 흐르고 자연스레 계절도 바뀌겠지만, 소중한 사람들과 함께 조금 더 풍성하고 여유로운 모습의 가을과 충만하고 따뜻한 겨울로 향하고 싶다.

나는 이런 코치가 되고 싶다

*기분 좋은 신선한 바람을 쐬는 것과 같이 고객이 관점을 전환하여 자신의 틀을 새로이 확장하도록 지원합니다. 봄처럼 밝고 따뜻한 에너지로 고객의 성장과 자아 실현을 함께 합니다.
*봄바람 같은 코치, 내가 되고 싶은 코치의 모습이다.

엄마는 커서
뭐가 되고 싶어?

당시 5살이었던 아이가 어느 날 엄마는 커서 뭐가 되고 싶은지 물어보았다. 이미 커버린 나에게 이런 질문이라니. 장래희망을 적어서 제출했던 학창시절이 지난 지가 수십 년 전인데…. "너처럼 사랑스러운 아가의 엄마가 되고 싶었고, 좋아하는 일을 하면서 재미있게 살고 싶었어." 나의 대답은 진심이었고, 나름 원하는 모습으로 살고 있다며 안도했다.

질문에 대답은 했는데 이상하게 아이의 말이 마음에 맴돌았다. 그리고 그즈음에 '내가 좋아하는 이 일을 언제까지 할 수 있을까?'라는 또 다른 질문이 머리에 스쳤다. 나는 미국에 본사를 둔 반도체 회사의 한국 사이트에서 임원 비서로 근무하고 있다. 출산과 육아, 회사의 합병 등 감정적 고통의 시기도 있었지만, 나에게 일은 자부심이고 보람이다. 경제적인 이유와 무관하게 중요한 의미와 가치가 있다.

그런데 좋아하는 이 일을 언제까지 할 수 있을까? 외국계 회사의 Executive admin으로 일한 지 17년, 가끔 나 자신이 몽당연필이 되어 가는 기분이었다. 채워지는 것보다 쓰이는 속도가 빠르다는 느낌에 문득 불안하고 두려웠다. 조금 더 확장된 무언가 되고 싶었다. 시간이 지나도 고유한 가치가 있는 좋은 펜이 되기를 욕망하며 1년이 지났다.

코치가 되고 싶어!

　나의 일과 목표, 내 인생의 중요한 가치에 대해 1년 이상을 고민했다. 엘리베이터를 기다리면서, 운전대를 잡고 신호 대기 중인 짧은 순간에도, 아이들을 재우고 난 후에는 늦은 밤까지 앞으로 내가 바라는 나의 모습을 그리고 지우고 다시 그렸다.

- 어떤 사람이 되고 싶은가
- 인생에서 가장 중요한 가치는 무엇인가
- 반드시 이루고 싶은 목표가 있는가

　어떤 날은 10년 후의 모습을 그리며 두근거렸고, 다른 날은 저 멀리 보이는 빛을 향해 외롭게 걸어가는 듯했다. 자율, 긍정, 성장, 균형… 그리고 사람! 나에게 중요한 것들을 정리하면서 '코칭'과 '코치'라는 단어가 마음에 들어왔다. 그 순간 마음속의 쿵쾅거리는 소리가 옆 사람에게 들릴까 봐 조마조마했던 느낌이 생생하다. 해야 하는 일을 성실하게 하다가 뜨거운 열정이 느껴지는 일을 찾았을 때(그 느낌 아는 사람, 손들어 봐요!) 2019년 8월 5일 월요일 늦은 오후, 나는 코치가 되겠다고 다짐했다.

　김수빈 코치. 2020년 아주대학교 경영대학원에 입학했고, 코칭을 전공하고 있다. 사실 코칭을 제대로 배우기 위해 경영대학원에 입학했다는 말이 오히려 정확하다. ACTP(Accredited Coaching Training

Program) 125시간, Business Coaching 60시간, 그리고 외부에서 진행된 5R Coaching Leadership 과정을 수료했고, 2020년 12월에 한국코치협회의 인증 코치가 되었다. 수치로 정리한 시간 외에 훨씬 더 많은 시간을 제대로 된 코칭을 하기 위해 고민하고 수련 중이다.

내가 생각하는 코치란 고객의 잠재력을 극대화하여 최상의 가치를 실현하도록 지원하는 협력자이다. 좋아하는 코치님께 들은 코치의 역량 세 가지를 내 입장에서 정리해보았다.

전문성

코치로서 나는 진주를 찾는 잠수부처럼 고객의 강점을 파악하기 위해 주시한다. 발견한 내용을 공유하고 그(녀)가 스스로 잠재력을 최상화 하도록 지원한다. 나는 지속적인 학습에 전념하고, 코칭의 효과성을 탐구하기 위해 꾸준히 성찰한다.

진정성

코치로서 나는 고객을 존중하고 오로지 그(녀)에 집중한다. AI와 차별화된 무조건적인 수용과 경청의 자세로 고객이 느끼는 정서와 추구하는 목표를 분명하게 이해한다. 그(녀)가 진정으로 원하는 모습을 실현할 수 있도록 온 마음을 다해 지원한다.

친밀성

코치로서 나는 고객에게 개방적이고 유연한 태도를 유지한다. 그

(녀)에 대한 순수한 호기심을 바탕으로 코치의 긍정적인 에너지를 전한다. 고객을 신뢰하고 코치 자신을 드러내며, 그(녀)가 중요한 가치를 공유할 수 있는 의미 있고 친밀한 관계를 형성한다.

수년 내에 인공지능이 많은 일을 대체할 것이라고 한다. AI가 하는 코칭은 어떤 모습일까? 세상의 많은 코치와 나의 차별화는 무엇일까? 스스로 질문을 던지고 나만의 답을 찾기 위해 오늘도 고군분투 중이다.

경청에서
친밀한 관계까지

존경하는 교수님께서 "코치가 고객에게 존경을 표현하는 최고의 방법은 경청이다."라고 말씀하셨다. 다른 사람의 이야기를 잘 듣는 편이라 생각했던 자신감은 코칭에 입문하면서 사라졌다. 대신 ACTP 125시간의 밀도 높은 강의를 들으며 온몸의 세포를 동원하여 새롭게 듣는 법을 고도로 연습할 수 있었다. 코칭의 철학과 윤리, 핵심역량을 100시간 이상 배우고, 그 이상의 시간 코칭을 했을 무렵부터 일상생활 속 누군가의 이야기가 조금씩 들리기 시작했다. 대화의 배경과 의도에 호기심이 생기니 그 사람의 원하는 모습과 진심도 느껴졌다. "이 말까지는 안 하려고 했는데… 너무 내 이야기만 한 것 같아. 들어줘서 고마워." 첫사랑의 고백도 이보다 설레지는 않았다. 오랫동안 기억하고 싶은 말씀이다.

우리는 나의 이야기를 들을 자격이 충분한 사람에게 마음을 열 수 있다. 무조건적인 수용과 인정이 준비된 환경, 그리고 모든 대화는 철저하게 비밀이 보장된다는 원칙은 코칭의 기본 원칙이다. 대화의 목적이나 중요도와 무관하게 누군가 내 이야기를 깊이 경청하고 있다는 것은 얼마나 귀한 경험인가? 그리고 목표를 향해 함께 나아가는 친밀한 관계는 또 얼마나 특별한가? 들을 자격이 충분한 신뢰할 수 있는 사람이 되는 것이 나의 최우선 목표이다. 경청과 신뢰 관계는 코치의 역량이기 전에 괜찮은 사람의 기본이라고 생각한다. 평생에 걸쳐서 노력할 가치가 있다.

Listener, Maximizer and Coach

유튜브를 통해 본 어느 성공한 사람은 핏빛처럼 선명한 목표를 선언하는 것이 중요하다고 말했다. 그럼에도 불구하고 자신의 목표에 대해 말하는 것을 주저하거나 거부감을 느끼는 고객들이 많다는 것에 적잖이 놀랐다. 지속적인 성취로 자존감과 자기 효능감은 높지만, 인생의 궁극적인 목표에 대해서는 생각해본 적이 없다는 분들도 계셨다. 이루지 못했을 경우 느껴질 실망감 때문일 수도 있고, 다른 사람에게 솔직히 말하는 것에 익숙하지 않은 탓인지도 모르겠다. '엄마는 커서 뭐가 되고 싶어?'라는 질문으로 시작된 나의 이야기처럼 삶의 어느 시기에 있던 자신의 꿈에 대해 생각해볼 기회가 있으면 좋겠다. 그리고 그 이야기를 솔직히 나눌 수 있고 온 마음을 다해 당신을 지원할 수 있는 뛰어난 코치를 만날 수 있기를 바란다.

대한민국 1가구 1코치를 실현하여 개인의 충만함에 기여하는 사람이 되고 싶다. OECD 국가 중 자살률이 가장 높은 나라라는 비극적인 기록 대신에 개인들이 자신의 현재에서 균형 있게 성장하는 모습으로 살아갈 수 있으면 좋겠다. 건강하고 즐거운 변화를 위해 '누구나, 언제나, 어디서나' 코칭이 좋은 도구가 되기를 진심으로 소망한다.

코칭은 머리 위에서 울리는 종소리, 그리고 봄바람

코칭이란 목표 지향적인 변화를 다루는 전문 활동이다. 다시 말하자면 고객이 현재의 모습으로부터 바라는 모습으로 성장하도록 지원하는 일이다. 이 과정에서 코치는 고객이 스스로 가능성과 내적 자원을 탐구하도록 생각을 자극한다. (어떻게? 질문으로!) 맛있는 만두 브랜드를 만들기 위해 100접시 이상의 만두를 먹고 비교하고 연구했다는 대표의 마음으로 나 자신도 코칭의 효과성을 경험하기 위해 주위의 코치들께 다양한 코칭을 받았다. 결과적으로 나에게는 매우 의미 있고 효과적인 도구라는 것을 확신한다. 코칭이 만능은 아니지만 코칭을 받으면서 관점을 전환할 수 있었던 점은 새로운 세상에 눈을 뜬 것과 같은 경험이었다. 대부분의 사람들은 성인이 된 후에도 유년시절에 형성된 사고방식과 생활습관으로 살아간다. 경험을 통해 강화된 이러한 패턴은 익숙한 선택과 판단을 유도하여 유연하고 개방적인 사고를 방해한다.

코치는 내가 스스로 할 수 없었던 질문을 던진다. 판단이나 평가 대신 무조건적인 수용과 인정으로. 그리하여 자연스럽게 새로운 공간과 시간, 다른 사람의 관점에서 확장된 사고를 경험한다. 머리 위에서 울리는 종소리처럼. 그 소리에 고개를 들어보면 그동안 눈앞에 보이던 모습과 전혀 다른 시각을 가질 수 있다.

"기분 좋은 신선한 바람을 쐬는 것과 같이 고객이 관점을 전환하여 자신의 틀을 새로이 확장하도록 지원합니다. 봄처럼 밝고 따뜻한 에너지로 고객의 성장과 자아실현을 함께 합니다."

봄바람 같은 코치, 내가 되고 싶은 코치의 모습이다.

10

마음을 여는
포레스트 코치

이현수

Lee HyunSoo

마음을 여는 포레스트 코치

코칭의 시작

나는 외국계 반도체장비 회사에서 임원으로 재직중이다. 나의 성장을 위해 아주대 MBA를 다니기로 결심하고 어떤 전공을 선택할 것인지 고민하던 참에 "코칭"이 나의 시선을 끌었다. 코칭에 대한 지식이라고는 대기업 임원들이 코칭을 받아서 임원으로서의 소양을 키운다고 들었던게 전부였다.

그래서 나도 코칭을 배우면 직장에서 리더로서 더 성장할 수 있겠다는 막연한 생각으로 코칭을 전공하기로 결심했고, 이왕이면 국제자격코스인 핵심코칭역량 과정을 수료하는 것을 선택하면서 코칭세계에 입문하게 되었다.

나는 이런 코치가 되고 싶다

나는 코칭은 삶의 일부라고 말하고 싶다. 코칭은 우리가 일상에서 누구나, 언제나, 어디서나 대화를 할 때 활용하면 더욱 쉽게 상대방과 호의적인 관계가 형성될 가능성이 높다고 생각한다. 코칭을 배운다고 꼭 누군가를 코칭 해야 하는 것은 아니며 평상시에 누군가를 만나서 대화하거나 나 스스로와의 대화를 할 때도 활용할 수 있는 게 바로 코칭이라고 생각하고 있다.

우연히 내 마음속에 자라난
코칭 새싹

코칭 첫 느낌!

'코칭은 상담과 컨설팅의 중간쯤이 아닐까?'라는 생각을 하며 막연한 기대감으로 아주대 MBA 국제코치자격코스인 핵심코칭수업을 신청했다. 코칭이 뭘까? 호기심에 참여한 첫 번째 수업에서 코칭에 대한 나의 첫 느낌은 '아~ 유레카!'였다. 나는 무의식 속에서 내가 원하고 상상하던 그 무엇인가를 찾은 것 같은 느낌을 받았고 코칭이 바로 내가 회사를 은퇴하고 하고 싶은 일이라는 확신이 들었다. 코칭을 학습하는 과정에서 본인 스스로가 성장을 하게 되고 코치가 되면 다른 누군가를 성장시킬 수 있다는 것 자체만으로도 너무 보람 있고 멋진 일이라는 느낌이 수업 첫날 마음속 깊이 새겨졌던 것 같다. 나는 코칭을 배우기 전에는 은퇴 후에 소기업을 대상으로 비즈니스 컨설팅을 하면 어떨까 생각을 하고 있었다. 잠깐이지만 벤처기업을 경영해보면서 얻은 경험들과 회사생활에서 경험한 영업/마케팅 지식을 바탕으로 전문인력이 부족한 소기업을 대상으로 컨설팅을 하면 충분히 도움이 되지 않을까? 하는 생각은 하고 있었지만 어떻게 준비할지는 막막했었는데 코칭은 나에게 너무나도 맞춤형 학습이란 생각이 들었다.

코칭을 배우며…

지난 1년 동안 핵심코칭수업을 받으면서 핵심2기 동기들과 웃고 떠들고, 어려움에 한숨 쉬면서 늦은 밤까지 상호코칭실습을 하던 기억이 새록새록 떠오른다. 특히 코로나바이러스 대유행으로 첫 수업부터 비대면으로 수업을 진행하다 보니 서로 인사를 나눌 기회도 없는 상태에서 온라인으로 상호코칭실습을 하게 되었다. '경청이 너무 어려워요', '질문을 어떻게 할지 모르겠어요', '뭘 했는지도 모르겠어요'라며 넋두리를 하면서도 서로에게 위로와 칭찬의 말을 아끼지 않고 격려해주던 모습이 생생하다. 그렇게 핵심2기 동기들은 서로를 인정해주고 열린 마음으로 격려와 응원을 하면서 자연스럽게 관계 형성하기를 경험하지 않았나 싶다.

그동안 코칭을 배우면서 동기들과의 많은 에피소드가 있지만, 그중에 가장 기억에 남는 일은 1학기를 마치고 여름방학 때 코칭 워크숍에서 "Point of View" 그룹 코칭을 할 때 몇 명이 본인의 감정을 표현하며 눈물을 흘리던 모습이다. 코칭을 통해서 저렇게 사람의 마음속 깊은, 아니 뇌 어딘가에 무의식으로 자리 잡고 있는 내면의 세계를 다룰 수 있다는 것에 감탄했던 것 같다.

또 다른 기억은 겨우 코칭 질문을 배우고 나서 GROW 모델을 활용한 상호코칭을 할 때였던 것 같다. 주어진 40분 정도의 시간 내에 경청과 열린 질문을 통해서 고객과 함께 코칭 세션의 목표를 정하고 실행계획까지 세워야 미션이 완료되는 것이었다. 열심히 질문 사례를

외우고 나만의 질문지를 만들어 놓고 자신 있게 "오늘의 코칭 주제는 무엇으로 할까요?"라고 코칭 세션을 시작했으나 고객 역을 맡은 동기의 입에서는 내가 예상한 다음 질문과는 상관없는 이야기가 나왔다. 나는 머리가 복잡해졌고 당황스러워 '다음 질문은 뭐라고 해야 할까?'를 생각하다가 바닷가 한가운데 좌초된 난파선처럼 맥락 없이 이리저리 떠돌다 코칭이 마무리되었다.

'내가 대체 뭘 한 거지? 고객이 무슨 말을 했는지 모르겠어'라며 스스로 제대로 코칭 세션을 진행하지 못한 것에 대한 아쉬움과 창피함으로 머쓱했던 기억들이 있다. 그럼에도 불구하고 그래도 잘했다고 굳이 칭찬할 거리를 찾아서 응원과 인정을 해주던 동기들의 모습이 지금 와서 생각해보니 '그 자체도 코칭 연습이었었구나!'라는 생각이 든다.

마지막으로 떠오르는 기억은 얼마 전 누군가와 코칭을 하면서 느꼈던 일인데, 그날은 오로지 상대방에게 집중해서 경청과 인정하기를 하겠다고 다짐을 하고 대화를 시작했다. 그런데 신기하게도 시간이 지나면서 상대방의 존재가 제대로 보이기 시작하고 내 마음속으로 들어와 있다는 미묘한 느낌이 들었다. 물론 서로가 상대방에게 호의적인 마음이 있어서 그런 느낌이 들었는지는 모르겠지만, 예전에 느껴보지 못했던 순수하게 상대방을 지지하는 마음이라고 표현하고 싶다.

코칭과 나의 변화
코칭을 배우며 온전히 말하는 사람에게 집중해서 중립적인 관점으로 듣는다는 것이 이렇게까지 어려운 일인지 몰랐던 것 같다. 나는 업무 특성상 평상시에도 고객과 대화를 하면서 고객의 말에 집중하고 의미를 파악하기 위해 많은 훈련을 해왔다고 생각했기에 경청은 그렇게 어렵지 않은 일이라고 생각하고 있었다. 그런데 코칭에서 경청하기를 기준으로 바라보니 그동안 잘못된 경청을 하고 있었다는 생각이 들었다. 대부분 사람들은 상대방의 말을 본인의 가치관에 맞춰 추측하고 판단하여 결론을 내리고 그에 맞는 행동을 한다. 그렇게 자기 마음대로 추측하고 판단하다 보니 상호 간에 수많은 오해가 생기는 것 같다는 생각이 든다. 만일 코칭에서 배운 대로 경청을 한다면 '상대방이 이야기하는 의미뿐만 아니라 배경까지도 이해할 수 있겠구나!'라는 생각이 들었다.

그래서 요즘엔 코칭실습을 하거나 평상시 누군가와 대화를 할 때 중립적인 마음으로 상대방의 말을 평가하거나 판단하지 않고 온전히 상대방의 말에 집중하여 반응해주고, 열린 질문과 요약하기를 활용한 적극적 경청을 습관화하기 위해 노력하고 있다. 물론 쉽게 되진 않지만 그동안 코칭을 배우면서 변화된 점은 상대방이 이야기할 때 최소한 끝까지 들어주려는 태도인 것 같다. 솔직히 아직까지도 누군가와 대화를 할 때 상대방이 이야기하는 동안 나의 기준으로 판단하거나 평가하고 추측하는 습관이 남아 있긴 하지만 코칭을 배우기 1년 전과 비교해보면 많은 변화가 일어난 것은 분명한 것 같다.

특히 직장생활에서의 변화는 직원들과 업무적인 대화를 할 때도 그들이 충분히 본인들의 의견을 이야기할 수 있도록 환경을 만들어 주기 위해 인정하기와 반영하며 경청하기를 열심히 실천하고 있다는 것이다. 또 하나의 큰 변화는 내가 코칭을 알아가면서 나의 성장뿐만 아니라 직원들의 성장에도 관심을 갖게 되었으며 그들의 성장을 돕기 위해 사내 코칭 프로그램을 제안하여 사내코치로 활동을 시작했다는 것이다.

코칭에 대한 흔들린 감정

코칭을 배우며 가장 흔들렸던 시기는 내게 정말 전문코치 과정이 필요한지 의문이 들었던 때였다. 주변 선배나 동료들 이야기를 듣다 보면 코칭을 배운 사람은 많은데 전문 코치로서 활동하는 사람은 많지 않고 코치를 양성하는 트레이너로 활동하는 사람이 더 많아 보였는데 그만큼 전문코치로 활동하며 밥 먹고 살기가 어렵다는 반증이라 생각했던 것 같다. 그래서 굳이 전문가과정을 이수할 필요가 있을까? 라는 고민을 잠시나마 했던 것 같다. 지금은 내가 어떤 코치가 될 것인지 목표를 정하고 나니 마음도 편해지고 가고자 하는 방향으로 한 걸음씩 나아가는 중이다.

또 다른 흔들린 시기는 주변 지인들에게 실전 코칭을 하면서 거듭된 코칭 실패 경험으로 나로 인해 지인이 코칭에 대해서 잘못된 선입견을 갖는 것은 아닌지, 나를 멀리하려고 하는 것은 아닌지, 클라이언트가 무엇인가 선택을 하거나 결정을 하는 데 있어서 나로 인해 잘못된 판단을 하는 것은 아닐까? 라는 걱정으로 실전 코칭을 하지 못하고 휴식기를 가졌던 때이다. 물론 곧 그런 생각이 너무 앞서간 생각이고 좋은 코치로 성장하기 위해서는 그런 과정이 필요하다는 조언을 듣고 나서는 지금까지 꾸준히 실전 코칭을 진행하고 있지만 말이다. 내가 코칭 스킬이 부족하면 내가 할 수 있는 만큼만 코칭을 하게 되고 고객은 그 범위 내에서 스스로 판단하고 결정하게 되는 것 같다. 그렇다면 너무 겁먹거나 걱정하지 말고 지금 이 순간에 진심으로 최선을 다하는 코칭을 하고 그런 경험이 쌓이다 보면 결국 좋은 코치가 될 것이라고 믿는다.

어느덧 내 삶에 들어온 코칭, 그리고 변화의 시작

나는 코칭은 삶의 일부라고 말하고 싶다. 코칭은 우리가 일상에서 누구나, 언제나, 어디서나 대화를 할 때 활용하면 더욱 쉽게 상대방과 호의적인 관계가 형성될 가능성이 높다고 생각한다. 코칭을 배운다고 꼭 누군가를 코칭 해야 하는 것은 아니며 평상시에 누군가를 만나서 대화하거나 나 스스로와의 대화를 할 때도 활용할 수 있는 게 바로 코칭이라고 생각하고 있다. 그동안 코칭을 배우면서 내 생활에 코칭이 어떻게 활용되고 있는지에 대한 이야기이다.

일상에서의 코칭 활용

코칭에서 학습한 내용 중에서 경청하기와 인정하기가 일상생활이나 직장생활에 가장 많이 활용하고 있는 것 같다. 예전엔 식사를 하거나 TV를 볼 때 아내가 이런저런 이야기를 할 때 중요하지 않은 것 같다는 생각이 들면 귀 기울여 듣지도 않고 반응도 안 하고 하다가 아내에게 핀잔을 들었던 적이 여러 번 있었지만 그런 습관이 잘 고쳐지지 않았고 항상 마음속에 미안한 마음만 쌓여 있을 뿐이었다. 그런데 코칭을 배우면서 그런 나의 태도를 바꿔야겠다는 생각을 하게 되면서 경청과 인정하기를 활용해서 아내와 대화를 하려고 노력하다 보니 자연스럽게 대화가 많아지고 분위기도 부드러워지고 있다는 생각이 든다. 어쩌면 코칭을 배우고 가장 가치 있게 활용하고 있는 것인지도 모르겠다.

그리고 다른 한 가지는 가족, 친구들이나 지인들과 이야기할 때 가능하면 열린 질문을 자주 활용해서 대화한다는 것이다. 그럴 때마다 느끼는 점은 열린 질문을 했을 때 그들이 자신의 의견이나 생각을 더 많이 이야기하게 되고 내가 그들을 좀 더 이해할 기회를 갖게 되는 것 같다는 것이다. 시간이 지나며 점점 더 짙어지는 코칭에 대한 나의 신념은 나 스스로 성장시키는 마법이며 상대방에 대한 칭찬과 인정은 마음을 여는 마법 가루이다.

직장에서의 코칭 활용

코칭을 배우면서 직장 업무에 어떻게 활용할 것인지에 대해 많은 고민을 했다. 처음엔 코칭에 대해서 나도 제대로 알지 못하는데 직장에서 코칭실습을 한다는 것 자체가 자칫 팀원들에게 실수를 하거나 잘못된 코칭으로 팀원들에게 코칭에 대한 부정적인 인식을 갖게 할까 봐 걱정하면서 한두 명 가까운 직원을 대상으로 코칭실습을 시작했다.

첫번째 코칭을 시도했던 직원에게는 코칭에 대한 설명조차도 제대로 못 하고 어설프게 질문만 하려고 하다가 코칭에 대한 저항감만 심어준 것 같았다. 두 번째 직원에게는 코칭 프로세스를 활용하여 여러 차례 코칭 세션을 진행했고, 그 직원이 무엇인가 변화가 일어날 것 같다는 긍정적인 느낌을 받았지만 내가 기대하는 변화는 일어나지 않았다. 이제 와 생각해보니 그 직원은 코칭 세션에서 직장상사에 대한 배려의 표현이었을 뿐 실제로 변화를 바라지 않았던 것은 아니었을까 싶다. 코칭을 배우는 초기에 나는 코칭은 개인의 성장을 위해 정말 좋은 것이고 팀원들에게 코칭을 하다 보면 상호 긍정적인 관계가 형성되고 자연스럽게 업무성과도 향상될 것으로 생각했다. 그런데 막상 코칭 세션을 진행하다 보니 직장상사라는 특수관계에서의 코칭을 너무 쉽게 생각했던 것 같다.

그렇게 몇 개월의 시행착오를 겪으면서 지금은 서두르지 않고 있고 팀원들과의 코칭은 라포 형성에 초점을 두고 경청하기, 인정하기와 열린 질문을 활용한 코칭 리더쉽 형성에 목표를 두고 있다. 최근에는 사내에서 코칭을 통해 직원의 성장을 지원하기 위해 몇몇 직원을 추천받아 사내 코칭프로그램을 기획하여 진행하고 있다. 사내 코칭 프로그램을 진행하면서 또 다른 시행착오를 겪게 되겠지만 조금씩 앞을 향해 나아가다 보면 코칭 문화가 정착되어 몇 년 후엔 부사장님이라는 호칭보다 "정말 코치님이세요?"라는 말을 듣게 될 것을 기대해본다.

고객과 만남에서의 코칭 활용

고객과의 만남에서는 이미 고객 중심으로 생각하고 반응해왔기에 코칭을 더 쉽게 활용할 수 있었다. 특히 여러 명이 참석하는 회의에서 코칭 스킬 활용은 고객이 언급하는 내용 중에서 객관적으로 인정할 수 있는 부분을 찾아서 인정해준 후 열린 질문으로 회의의 분위기를 전환하거나 방향성을 잡아나가는 데 활용하고 있다. 예를 들면 고객이 어떤 문제에 대해서 불만을 이야기할 경우 "○○○문제에 대해서 생각을 많이 하고 계시는군요."라고 인정을 해주고 나서 "그러면 ○○○문제에 대해서 구체적으로 어떻게 개선이 되기를 바라시는지 여쭤봐도 될까요?"라고 열린 질문을 하는 것이다. 그러면 고객은 본인의 의견을 더 이야기하게 되고 그 의견에서 인정할 부분을 찾아서 인정해주고 나의 의견이나 제안을 하게 되면 회의가 훨씬 부드럽게 진행이 되는 느낌을 받는다. 그리고 여러 명이 회의를 하다 보면 주제에서 벗어난 대화로 빠져버리는 경우가 많은데 이럴 때도 오늘의 회의 주제나 목표에 맞는지 물어봐 주고 회의 내용을 중간중간 간략히 요약해주기를 하다 보면 실행계획을 도출하는 데도 도움이 되는 것 같다.

1:1 만남의 경우는 라포 형성을 위해 충분히 시간을 갖고 경청하기, 인정하기와 열린 질문을 활용해서 고객이 더 많은 이야기를 할 수 있도록 분위기 조성에 초점을 맞추고 있다. 그런 분위기가 되면 자연스럽게 관계도 좋아지고 내가 지원할 부분이 무엇인지도 알아차리게 되는 것 같다. 상대방이 많은 이야기를 해야 상대방이 무엇을 원하는지도 알게 되는 것도 있지만, 더 중요한 것은 본인이 이야기를 많이 하게 되면 나에 대한 호감도가 좋아질 가능성이 크다는 것이다. 물론 나도 상대방에게 집중하다 보면 나 역시도 마음이 열리고 자연스럽게 가까워지는 느낌을 받게 된다. 그렇게 관계 형성이 호의적인 관계로 발전될 확률이 높아지는 것 같다.

지금까지 언급한 것처럼 코칭은 누구나, 언제나, 어디서나 활용할 수 있는 삶의 일부라고 생각한다. 이 책을 읽고 있는 독자라면 이미 코칭에 관심을 두고 있는 예비 코치이거나 이미 코치이겠지만 혹시라도 본인이 스스로가 변화와 성장에 끊임없이 도전하는 사람이라면 적극적으로 코칭을 배워볼 것을 추천하고 싶다. 코칭 학습을 통해 나 자신이 누구인지, 어디로 가고 싶은지 알아가 보는 것만으로도 충분한 가치가 있다고 생각한다.

두근두근 설레는 마음으로 열어보는 어디로든 문, 도라에몽 코치

박형근

Park HyungKeun

두근두근 설레는 마음으로 열어보는 어디로든 문, 도라에몽 코치

코칭의 시작

Leader of My Life, 누군가에 의해 끌려가는 삶이
아닌 내가 내 삶의 리더가 되어야겠다는 생각을 한 적이
있었다. 수 없이 마주치는 선택의 순간에서 의사결정의
기준이 되었으며 앞으로도 내 삶의 리더로 책임감과
자신감을 가지고 나의 길을 만들어 갈 것이다.
Coach of Someone's Life, 코칭을 알게 된 이후에
누군가의 코치가 되어 누군가도 자신의 삶의 리더가
되고 코치가 되는 것을 지지하고 지원하고 싶다는 생각
을 하게 되었다. 어떤 일이든 편하게 이야기 나눌 수 있
고 지지와 지원을 통해 긍정적인 에너지를 함께 나누는
코치가 되고 싶다.

나는 이런 코치가 되고 싶다

"진구는 좋겠다. 도라에몽이 있어서~"
도라에몽 만화를 볼 때 마다 들었던 생각이다.
고민이나 문제가 생겼을 때 옆에서 항상 응원해주고 지지해주는 존재.
각종 도구를 통해 새로운 관점을 제시하고 기존과 다른 시도를 할 수 있게 지원하는 친구.
타임머신을 타고 과거, 미래를 넘나들며 꿈을 찾아 떠나는 여행.
이렇게 도라에몽 같은 코치가 되고 싶다.
두근두근 설레는 마음으로 열어보는 어디로든 문~ 도라에몽코치 박형근입니다.

누구나
코칭이 필요하다

2021년 초 모 대기업의 성과급 문제로 많은 논란이 있었다. 불분명한 성과급, 지급기준에 공정성과 투명성을 중요시하고 SNS, 커뮤니티 등을 통해 활발히 의견을 개진하는 MZ세대의 목소리에 경영진은 화들짝 놀라서 부랴부랴 대책 마련을 했지만 다른 기업으로 확산이 되었고 하나의 사회적 주제로 자리 잡아 갑론을박의 기사들이 많이 나왔다.

내가 사회생활을 시작했던 1990년 말~2000년 초까지만 해도 조직의 장은 막강한 권력을 가지고 있었고 직장인의 목표는 조직의 보스가 되는 것이었다. 나도 막연하게 장이 되어야겠다는 생각으로 열심히 회사생활을 하였고 이후 20년 넘게 외국계 기업에서 근무하면서 리더십의 변화와 이에 따른 교육의 변화를 직접 경험할 수 있었다. 카리스마 넘치는 보스의 지시에 따라 일사불란하게 움직여서 성과를 내는 시기를 지나 비전과 미션을 제시하는 리더가 빛나던 시기를 거쳐 경험과 솔루션을 나누는 멘토의 시대를 경험했다.

2021년 현재 이제는 더 이상 과거의 경험이나 성공방식으로 현재의 문제를 해결할 수 없는 VUCA(Volatility, Uncertainty, Complexity and Ambiguity)의 시대를 살고 있고 코로나19라는 한 번도 경험하지 못

해본 팬데믹으로 인하여 인류의 삶 자체가 급변하게 되었다. 더 이상 방향을 제시해줄 보스도 없고, 리더의 비전과 미션만으로는 부족하고 멘토의 경험과 조언이 참조가 될지는 몰라도 문제를 해결할 수 없는 세상이 되었다. 어쩌면 최근에 코칭이 대두되는 것은 너무나 자연스러운 현상일지도 모르겠다. 그리고 이러한 시대의 요구사항에 따라 리더십의 모습도 함께 달라지고 있다. 이미 많은 기업이 코칭을 도입하고 임원 코칭 등을 시행하고 있지만 코칭의 효과를 수치화하여 결과를 측정하고 코칭 결과를 평가하는 것은 쉽지 않은 일이다. 오로지 코칭을 받은 고객의 피드백을 통해서 확인할 수 있을 뿐이다. 그럼에도 불구하고 지금 시대에 코칭이 더욱 필요한 이유는 무엇일까? 이야기 한 바와 같이 더 이상 정답은 존재하지 않고 리더가 할 수 있는 역량에 한계가 있기 때문이라고 생각한다. 앞에서 이야기했던 MZ세대는 우리 팀의 팀원이기도 하지만 시장에서의 고객이며 우리의 자녀일지도 모른다. 기존의 틀에 의구심을 가지고 챌린지 하는 목소리에 답하기 위해서는 기존의 모범답안이 아닌 사고의 확장을 통해 새롭게 찾은 여러 가지 솔루션을 다양한 커뮤니케이션 채널을 통해 나누어야 한다. 팀의 리더로서 팀원들에게 슈퍼바이징, 멘토링을 많이 해보았고 반대로 상위 리더에게 많이 받아도 보았다. 기억을 더듬어보면 나의 역량을 가장 많이 발휘했던 기억은 누군가 나를 인정해주고 지지해주었던 순간이었다.

코칭을 배우고 나서 칭찬과는 또 다른 인정과 지지의 의미를 알게 되었고 실제 업무에서도 가능한 코칭을 통해 커뮤니케이션을 진행하려고 노력 중이다. 나의 조언은 보통 나의 경험에서 나온다. 하지만 그때는 맞을지 몰라도 지금은 아닐 수 있다. 환경이 변했고 고객이 달라졌고 경쟁이 심해지고 단 하나도 동일한 내용이 없기 때문이다. 결국 코칭을 통해 팀원이 문제를 직면하고 관점의 전환, 사고의 확장을 통해 새로운 솔루션을 찾아보는 것이 더 효과적이라고 생각한다. 설령 생각한 대로 잘 안 되더라도 스스로 선택한 내용이기 때문에 어떤 내용이 부족했는지, 다시 해본다면 무엇을 달리할지 등을 생각하면서 지속해서 개선하다 보면 조금씩 솔루션을 찾아갈 수 있을 것이다.

예를 들어 팀장이 팀원에게 업무지시를 한다. 구체적이고 명확한 내용이 좋다고 하여 명확하게 언제까지 무엇을 하라고 지시한다. 우수한 팀원은 정해진 일정 안에 지시받은 일을 잘 마무리할 것이다. 정말 이것이 좋은 결과일까? 혹시 그 팀원이 업무 수행 중 더 좋은 결과를 만들 방법을 생각하고 실행할 수 있었는데 굳이 팀장이 시키지 않아서 그냥 넘어가지는 않았을까? 혹은 주어진 지시 안에 갇혀서 예상하지 못한 장애요소로 인하여 업무를 기일 안에 마무리하지 못하고 다시 팀장에게 들고 오지는 않았을까?

그러면 코칭을 통해서 업무를 수행하면 무엇이 달라질까? 우선 리더가 특별히 지시하는 내용이 없다. 팀원이 주어진 과제에 목적을 분명히 하고(Goal), 지금 현재 상황을 스스로 정리하고(Reality), 목적을 달성하기 위해 활용할 수 있는 자원은 무엇이며, 할 수 있는 일들을 무엇인지 생각해보고(Option), 목적을 달성한 이후의 느낌을 상상해 보면서 의지를 다지는(Will) 과정을 거치면서 자연스럽게 GROW 모델을 통한 업무 수행이 진행된다. 외부의 자극(지시, 슈퍼바이징, 멘토링 등)이 아닌 코칭을 통한 내면의 동기부여를 통해 실행력도 높아질 수 있고 중간에 시행착오가 생길 수 있더라도 다시 과정을 반복하면서 솔루션에 가깝게 다가갈 수 있을 것이다. 이는 셀프코칭을 통해 스스로도 적용 가능한 방법이다.

코칭은 회사에서뿐만 아니라 자녀와의 관계 등 가정에서도 동일하게 적용할 수 있다. 공부하려고 마음먹은 학생도 부모가 갑자기 '공부해라' 하면 하기 싫어지는 법이다. 그보다는 무엇을 위해 공부를 하는지, 현재 나의 수준은 어느 수준이며 어떻게 되고 싶은지, 그 목적을 달성하기 위해서 할 수 있는 일들은 무엇이며 무엇부터 시작할 건지, 언제까지 마무리하고 예상되는 결과는 무엇인지? 등을 자녀와 이야기해보면 어떨까? 공부해라 한마디 하는 것보다 시간이 오래 걸리고 노력이 필요하겠지만, 충분히 시간과 노력을 투입할 가치가 있는 일이라고 생각한다. 무엇보다도 사랑하는 자녀와 코칭 기반 커뮤니케이션을 통해 부모와 자식 간의 신뢰와 사랑이라는 성적보다 훨씬 소중한 것을 얻을 수 있을 것이다. 그래서 나는 지시하는 보스가 아니라 지지하고 응원하는 코치가 되고 싶다. 사랑하는 나의 자녀를 불신하고 잔소리하는 부모가 아니라 신뢰하고 지원하는 코치가 되고 싶다.

또 하나 좋은 점은 코칭은 쌍방향이라는 점이다. 코칭을 통해 코치도 새롭게 배우고 느끼는 점이 많으며 이러한 과정에서 상호 간에 긍정적인 에너지와 기운이 생기게 되고 조직의 성과와 팀워크를 단단하게 만들고 가정의 신뢰와 사랑을 견고하게 만들 수 있을 것이다.

바야흐로 누구나 코칭이 필요한 시기이다.

어디선가 누군가에
무슨 일이 생기면

'어디선가 누군가에 무슨 일이 생기면 짜짜짜짜 짜짱가 엄청난 기운이~'

어릴 적에 즐겨보았던 '짱가'라는 만화의 주제가이다. 이제는 어디선가 누군가에게 무슨 일이 생기면 코칭을 생각하게 되었다. 누구나 세상을 살아가다 보면 어려운 시련과 고난을 시기가 있다. 직장인의 경우 직장 내에서 커리어가 잘 풀리지 않거나 상사, 동료와의 갈등, 이런저런 이유로 회사를 떠나야 하는 경우가 발생하기도 한다. 하지만 분명한 것은 내 앞의 문이 닫히는 순간 어디선가 다른 문이 열리고 있다는 것이다. 다만 현재의 문제에 너무 몰입되어서 시선을 돌려 다른 문이 열린 것을 보지 못하고 있을 뿐이다.

2015년 8월에 우연한 기회로 15년 넘게 잘 다니던 회사를 그만두고 이직을 하여 새로운 도전을 하게 되었다. 새로운 분야에서의 팀 리더의 역할이 낯설고 힘들었지만 스스로 선택한 길이었기에 그동안의 경험을 바탕으로 팀원들과 신뢰를 쌓아가면서 조금씩 성과를 내고 조직 내에서 인정받고 자리잡아 가면서 만족하고 있었다. 그런데 갑자기 회사가 합병 후 분할 발표를 하면서 내 의지와 상관없이 또다시 회사를 옮기게 되었고 이러한 과정에서 1~2년간을 불안정한 상태로 보내게 되었다. 새로운 업무와 보직에서 다시 열심히 했지만, 개인적인 노력으로 극복하기 어려운 잦은 업무변경과 환경변화가 있었고 나는 지쳐가기 시작했다.

　스트레스를 많이 받는 상황에서 새로운 돌파구를 마련하고자 아주대학교 경영대학원에 진학하여 코칭을 배우게 되었다. 동기, 선배, 멘토 등 여러 코치님과의 코칭 세션을 통해 나를 많이 돌아보는 기회가 되었고 긍정적인 마음과 새로운 에너지를 얻게 되었다. 그러자 선물처럼 새로운 이직 기회가 생겼고 새로운 회사에서 나의 역량을 마음껏 발휘하며 즐겁게 일하고 있다. 앞으로 어떻게 인생이 펼쳐질지 모르겠지만 어떤 변화가 생기더라도 긍정적인 마음으로 새로운 변화에 도전할 준비가 되어있다.

　이러한 과정에서 항상 나를 응원해주었던 H가 있었다. H는 15년 다니던 직장의 입사 동기였고, 세 번의 이직에 많은 용기와 도움을 준 친구이다. 이직 이후 새로운 환경에서 적응할 때도 H는 항상 객관적인 시각을 가지고 현실을 직시하게 하는 대화들을 나누었다. 코칭을 배우고 나서 생각해보니 H와의 대화는 코칭과 비슷한 점이 많았다. 우선 나에 대한 순수한 호기심과 지지가 있었다. 먼저 나의 이야기를 잘 들어주고 크게 비판하거나 충고하지 않았다. 그리고 현재 상황을 올바르게 직시하게 하는 질문, 주관적이지 않고 객관적인 시각을 유지하는 질문, 앞으로 어떻게 할 것인지를 생각하게 하는 미래지향적 질문을 하였다. 마지막에는 좋은 피드백을 나누어 주었고 이후에도 상황의 변화나 진행 상황을 물으면서 계속 응원하고 지지해주었다.

이러한 H의 모습은 내가 배운 코칭에서의 질문, 경청, 피드백이었으며 나의 가능성을 믿고 항상 응원하고 지지하는 멋진 코치였다. 무엇보다도 앞으로 어떤 변화와 도전이 생기더라도 함께 이야기 나눌 수 있는 H가 있기에 마음속으로 든든함을 느끼고 있다. 그리고 지금 나의 주변에는 수많은 H가 있다. 코칭의 세계를 알려주시고 이끌어주신 아주대학교 경영대학원 교수님들, 함께 이 책을 쓰고 있는 핵심2기 코치님들, 계속해서 함께 코칭 공부를 하고 있는 선후배 코치님들이 모두 H와 같은 존재이다.

물론 코칭이 모든 문제를 해결해주지 못하고 코치도 완벽한 사람은 아니지만, H와 같은 코치님들의 존재만으로도 든든한 후견인이 있는 듯한 느낌이다.

네가 대수롭지 않게 받아들이면 남들도 대수롭지 않게 생각해.

네가 심각하게 받아들이면 남들도 심각하게 생각하고.

모든 일이 그래. 항상 네가 먼저야. 옛날 일 아무것도 아니야.

네가 아무것도 아니라고 생각하면 아무것도 아니야.

   나의 최애 드라마 '나의 아저씨' 명대사이다. 어디선가 누군가에게 무슨 일이 생기면 그냥 누군가의 이야기를 잘 들어주고 싶다. 그리고 이야기해주고 싶다. 괜찮다고, 아무것도 아니라고. 네가 아무것도 아니라고 생각하면 아무것도 아니라고.

중국 대륙을 안을
여성 CEO

최하나

Choi HaNa

어제는 역사고, 내일은 미스테리 그리고 오늘은 선물이야 -쿵푸팬더
중국 대륙을 안을 여성 CEO

코칭의 시작

무엇으로 바른 동기부여를 할 수 있을까?
어떻게 하면 나를 포함하여 모두가 스스로 자신의 인생을
꿈꾸고 만들어갈 수 있을까?
2018년 가을 우연히 지인의 소개로
그룹 코칭 과정에 참여하게 되었고,
그 곳에서 드디어 방법을 찾을 수 있었다.
"모든 사람은 자신의 인생을 주도적으로 살 수 있는 답을
자기 내면에 가지고 있다."
코치는 그 부분을 자각하도록 돕는 파트너이다!!
그렇게 20대중반부터 고민하던
나의 생각의 알고리즘에서 코칭을 만나게 되었다.

나는 이런 마음으로 코칭을 합니다

누구나 스승이 될 수 있고, 누구에게서나 나의 삶의 영역과
마음의 영역을 넓힐 수 있는 코칭을 알게 되고, 할 수 있다는
것이 기쁘다.
삶은 저마다 크고 작은 문제들을 가지고 살아가는 것이지만,
그 삶을 어떤 관점에서 어떻게 무엇을 선택하고 어떤 삶을
살 것인가? 에 따라서 삶이 굉장히 달라진다.
누구나 자신의 삶에서 소중한 것을 찾고 누리고 살아가길
진심을 담아 응원하는 마음으로 코칭을 한다.

생각의 알고리즘이 이끌어준 코칭

그들은 무엇이 다를까?

나는 중국에서 고등학교 대학교를 나온 후 줄곧 학생들을 가르치는 일을 했다. 24개월 어린이부터 일반인까지 10년 동안 다양한 연령대의 사람들을 지도했다. 학생들을 지도하며 자신의 목표와 의지가 분명할 때 학습효과도 올라가고 시키지 않아도 자기주도 학습을 하는 학생들을 보게 되었다.

17살 사춘기 소녀에게는 중국이라는 나라에서 살아가기 위해 중국어 습득이 나의 유일한 목표였고, 1년 동안은 볼펜 하나를 일주일 만에 사용할 만큼 열심히 공부했다. 사실 나의 중국어 실력은 그때 그 1년에 습득한 것인 대부분이라고 해도 과언이 아닐 정도로 열심히 살았다. 한국에서 다시 그렇게 공부하라고 해도 절대 다시는 못 하는 그 열심…… 사람이 죽기 전에 초인적인 힘을 발휘한다더니…. 다급하고 꼭 필요하면 한다는 것을 경험하게 되었던 시간이었다.

나는 이런 필요에 의해 스스로 공부했었는데……. 한국에서 학생들에게 어떤 필요를 느끼게 함으로 스스로 움직이게 할 수 있을까? 수업을 재미있게 진행하기 위해 시각적 청각적 요소를 총동원하여 흥미를 유발해보기도 하고, 좋아하는 가수의 중국어 인터뷰로 수업을 진행하기도 하고 그룹 혹은 1:1 개인의 특성에 맞춰서 수업도 해보고, 스스로 예습하고 자신이 궁금한 부분을 질문하지 않으면 절대 먼저 가르쳐주지 않는 등 많은 방법을 시도해보았지만 모두 잠시일 뿐 오랜 시간 지속할 수 없었다.

무엇으로 바른 동기부여를 할 수 있을까?

중국어를 지도하며 코타키나발루 1개월 어학연수 프로그램을 목적으로 정해 높은 기준에 맞는 레벨테스트를 통과하면 함께 어학연수를 갈 수 있다는 미션이 주어진 후 학생들은 어느 때보다 열심히 공부하기 시작했다. 목표를 가지고 있다 보니 그들은 스스로 움직이기 시작했다. 그러나 물리적으로 내가 만든 동기부여는 한계가 있었고, 나는 다시 고민이 시작되었다. 어떻게 하면 나를 포함하여 모두가 스스로 자신의 인생을 꿈꾸고 만들어갈 수 있을까?

이렇게 주어진 일을 따라가기에 급급한 몇 년을 쫓기듯 달려오며 여러 가지 문제들 속에서 유약한 나를 만나게 되며, 나 스스로 무엇을 위해 살아가고 있는지 묻게 되었다.

지친 몸과 마음을 이끌고 장기휴가를 받아 혼자 떠난 여행에서 태풍으로 항공편이 취소되고 예기치 않게 싱가포르 도심 속 한적한 공원을 산책하게 되었다. 크고 작은 여러 종의 새들이 자유롭게 공원을 날아다니는 모습을 보며 문득 내 머릿속을 스치던 이미지가 있다. 문 열린 새장 안에 나가고 싶다고 울고 있던 작은 새 한 마리……. 그때 나는 머리를 맞은 듯 충격을 받았다. '왜 나는 새장 안에 스스로를 가둬 놓고 나가고 싶다고 징징대고 있는 거지? 문이 열려 있는데….'

그날 이후 스스로 가둬 놓았던 나를 만나며 서서히 여유로움을 누리고 진정한 나와 친해지는 시간을 가질 수 있었다. 여유로움을 누리며 저기 한쪽 끝에 짐처럼 있던 질문 하나가 떠오른다.

'어떻게 하면 나처럼 여유로움을
나의 주변 사람들에게 알릴 수 있을까?'

그러던 2018년 가을 우연히 지인의 소개로 진행하는 그룹 코칭과정에 참여하게 되었고, 거기에서 비로소 방법을 찾을 수 있었다. 모든 사람은 자신의 인생을 주도적으로 살 수 있는 답을 자기 내면에 가지고 있다. 코치는 그 부분을 자각하도록 돕는 파트너이다. 그렇게 20대 중반부터 고민하던 나의 생각의 알고리즘에서 코칭을 만나게 되었다.

아토피와 멘탈코칭

처음에는 코칭을 취미 혹은 세컨잡으로 좋겠다는 생각에 배웠다. 그러던 중 어릴 적 앓았던 아토피가 다시금 얼굴로 서서히 올라와 갔던 대학병원에서 "환자분은 이미 스테로이드 부작용이 있고, 아직 결혼도 해야 하는 나이이기에 스테로이드 처방은 되도록 안 하겠다."라 며 소신 있는 의사선생님의 조언을 듣고 꾸준히 유산균을 먹고 항히 스타민제를 먹으며 관리를 했다. 하지만 2018년 겨울은 양 볼이 빨갛 게 열감이 올라와 보습크림과 알로에, 미스트를 아무리 뿌리고 하루 에 열 번 가까이 세수를 해도 양 볼에 열이 식지 않고 점점 그 부위가 넓어졌다. 얼굴이다 보니 매우 신경 쓰이고 사람들을 만나는 것도 부 담스러워 퇴사하게 되었다. 정신적, 육체적으로 모두 힘든 시기였지 만 본격적으로 아토피 치료를 함과 동시에 내가 정말로 원하던 코칭 을 배우며 코치가 되는 시기를 앞당길 수 있는 계기가 되었다.

면역질환인 아토피

말 많고 탈 많은 스테로이드 연고도 그만 바르고 싶어서 시작한 탈 스테로이드를 위한 한의원치료를 시작했는데, 그곳에서 스테로이드 를 사용한 만큼 심하게 올라올 수 있다는 말을 들었다. 그래도 지긋지 긋한 아토피에서 벗어날 수만 있다면……. 마음먹고 시작한 치료였 지만, 얼굴뿐 아니라 온몸에 붉게 열이 올랐다 내렸다. 좋아졌다가 심 해졌다가를 반복하며, 대인기피증까지 올 뻔했는데, 그때 나의 멘탈 을 잡아준 것은 코칭이었다.

아토피를 앓으며 내가 그동안 나의 몸을 돌보지 않고 달려온 나와 내가 지내온 삶들 다 나의 잘못에서 온 것은 아닐까……. 처음에는 화장도 못 하고, 내 몸 여기저기에서 네가 문제야!! 라고 성내듯 이야기하며 존재감을 나타내는 아토피 친구들을 가려야 하기에 원하는 옷을 입을 수도 없고, 아토피에 최악이라는 커피와 달달한 디저트를 피해야만 하기에 친구들과 맘 놓고 커피 한잔 할 수 없는 현실에 화가 났다. '내가 무엇을 그렇게 잘못했지?'부터 시작해 온갖 잡생각들이 내 머리를 휘젓고 다니고, 혼자 집에 있는 시간이 많을수록 더 수많은 생각과 스스로에 대한 비난을 멈출 수 없었다. 몸과 마음은 하나라는데……

때마침 새로 시작한 코칭에서 기본질문 세 가지를 받았다.

1. 지금 무슨 상황이지?
2. 정말로 어떻게 되고 싶지?
3. 그럼 지금 내가 할 수 있는 것은 무엇이지?

질문들을 통해서 어떤 상태가 되고 싶은지를 계속해서 상기하며, 아토피에서 자유로워진 후 사람들과 만나서 소소한 커피 한잔을 하는 그 날을 기대하며 현재에 감사하기! 아토피와 나의 피부에 집중보다는 원하는 상태에 집중하게 되는 시간이었다.

스포츠멘탈코칭 등 여러 가지 코칭에 대해 배우고 체험하며, 또 배운 것을 가지고 바로 코칭을 진행했다. 코칭을 하다 보면 내가 아니라 상대방에게 집중하게 된다. 그러다 보니 자연스레 나의 문제에 집중하는 시간이 또 줄게 되었고, 어느새 비교적 빠른 치료 8개월 만에 드디어 양 볼의 볼 터치는 사라지게 되었고, 또 언제 무엇을 할 때 내 피부가 뒤집히는지를 알게 되었고, 스테로이드를 먹지 않고 연고를 바르지 않아도 관리할 방법들을 익히게 되었다.

나의 한계들을
뛰어넘어

처음 1년은 신나서 코칭을 배웠고, 전국을 돌며 유소년부터 고등학생 선수들에게 스포츠멘탈코칭, 일반인들에게 라이프코칭을 진행했다. 이렇게 신나서 코칭을 하며 나도 모르게 조금씩 코칭 무게가 무거워지기 시작했다. 나의 사소한 한 마디가 고객에게는 엄청난 영향력을 줄 수도 있겠다는 생각이 들었다. 그 무렵 입학한 아주대 MBA 핵심코칭수업에서 만난 이은희 교수님의 한 마디.

"코치는 아무것도 책임져 줄 수 없다. 그렇기에 코치의 코치다움이 굉장히 중요하다."

교수님의 말씀을 통해 또 내가 가지고 있던 문제의 답을 찾아갈 수 있었다. 나에게는 내가 만들어놓은 한계들이 있었다.

나의 첫 번째 한계: 책임감

  코치로서 내가 무언가를 해주고 싶어 하기에 무거웠고, 어떠한 성과가 보이지 않을까 두려웠다. 나는 예민한 사춘기 시절 중국에서 지내며 남들보다 뒤처질까, 내가 말을 잘하지 못해 혹은 외국이라고 중국 사람들에게 불이익을 당하는 것은 아닌지 불안해하며 긴장감 가득한 10년을 보냈다. 나를 책임질 수 있는 사람은 나뿐이라고 스스로 되뇌며 말이다. 중국어는 부모님보다는 내가 더 잘하니까 내가 책임져야 한다는 착각 속에 빠져 불필요하게 과도한 책임감까지 느끼게 되었다. 이 과도한 책임감은 코칭에서도 여실히 나타났다.

  코칭을 진행하며 고객들의 여러 가지 크고 작은 힘듦과 삶의 무거운 이야기들을 듣게 되는데, 고객들은 코치에게 말하면서 벗어 놓고 간 짐들인데, 누가 시키지도 않았는데 나는 또 혼자 마음대로 그 짐들을 내 마음과 생각의 영역까지 가지고 와 스스로 짊어지고는 무거워하고 두려워하고 있었다. 스스로 만든 과도한 책임감과 두려움에서 벗어나 진정한 여유로움을 즐기기 시작하면서, 편안함과 안정감을 가지게 되었고 눈치 보며 남들과 비교하기보다는 나의 걸음에 맞춰 걸어가는 법을 배우게 되었다.

나의 두 번째 한계 : 시험 울렁증

  나는 다른 사람들의 피드백을 지나치게 두려워한다. 누군가가 나의 코칭을 평가한다는 것에 상당한 부담감을 가지고 있었다. 하지만 코칭 자격증을 취득하기 위해서는 반드시 거쳐야 하는 관문이었다. 핵심코칭 1학기 기말고사에서 나의 두려움은 최고조였다. 나의 사고와 입은 따로 놀았으며 상대방의 말은 들리지 않았고, 앵무새처럼 그동안 연습했던 코칭 질문들만 말하고 나왔다. 서른 중반이면 크고 작은 시험을 치렀지만 이렇게까지 멘탈이 탈탈 털린 건 처음이었다.

핵심코칭수업은 16명의 코치님과 함께 1년 동안 수강하는 프로그램이다. 모두가 나이도 다르고 직업도 다르지만, 첫 수업에서 느꼈던 것은 저마다 목적은 다르지만, 그 이면에는 다른 사람을 먼저 생각하는 이타적인 마음이 밑바탕에 깔렸음을 보게 되었다. 이렇게 이타적인 사람들과 함께하며 긍정적인 힘과 서로에게 주는 선한 영향력을 주고받게 되었다. 서로에게 코치로서 한 걸음 더 성장할 수 있도록 관심 가득한 피드백, 응원과 지지를 주고받았고, 개인적으로는 시험 울렁증을 뛰어넘겠다는 결심을 하게 되었다. 이렇게 굳센 마음을 먹고 도전한 자격증 시험에서 단번에 KPC(Korea Professional Coach) 자격증을 취득할 수 있었다. 나 혼자였다면 도전할 용기조차 없었을 텐데……. 교수님과 더불어 함께한 코치님들의 소리 없이 강한 응원과 지지가 코치로서 앞으로 나갈 힘과 용기를 되었고 좋은 결과를 얻게 되었다. 처음 코칭을 시작할 때는 고객에게 답이 있다는 그 말이 너무 좋아서 시작했었는데, 어느새 잊고 나의 한계 속에 갇혀 있었음을 깨닫게 되었고, 좋은 사람들과 함께하고 지속적인 배움만이 나를 안전하고 건강하게 하는 것임을 몸소 체험하고 배웠다.

새로운 목표 하나

중국에서의 나는 변화무쌍한 중국에 적응하느라 부러질 듯 강한 방어기제로 가득했던 것 같다. 지금 뒤돌아보면 예민하고 까칠하고 중국어 한마디 못하던 내가 중국어를 배우고, 중국에서 오랜 시간 지낼 수 있었던 것은 내가 만난 중국인들의 배려가 있었기 때문이었다. 그 시절에는 나를 보며 웃던 모습이 마치 구경거리 하나가 늘어서 웃는다고 가시 돋친 생각을 했다면, 지금은 말을 잘 못 하는 나를 배려한 따뜻한 웃음이었음을 알게 되었다. 코치의 삶을 시작하며 있는 그대로의 나와 타인의 다름 또한 인정하는 것을 배우게 된 후, 새로운 관점을 가지고 사람들을 바라보게 되었고 사람들을 향한 관심과 호기심이 생겼다.

시간이 흐르고 코치가 되어 되돌아보니, 그 시절에는 이해가 되지 않았던 다름이 지금의 빠른 적응력과 나름의 유연한 사고를 할 수 있는 밑거름이 되었다는 생각이 든다. 참 많은 것을 배웠고, 많은 것을 느꼈던 중국에서의 삶……. 언젠가는 중국 사람들에게 받았던 그 따뜻한 마음과 미소를 담아 나도 나의 에고를 버리고 코치로서 호기심을 가지고 그들의 이야기를 들어주고 그들의 삶을 응원하고 지지할 수 있는 코칭을 하는 그 날이 오기를 기대하며 떠올리며 마음 한가득 설렘을 담고 살아갈 것이다. 이 마음으로 나의 최고의 스승들께 열심히 코칭을 배우며 오늘도 한 걸음 더 성장하는 시도를 하려 한다.

나는 돈을 받으면서
배운다!

지피지기백전불태(知彼知己百戰不殆)

　나의 적은 나일 때가 가장 많다. 나는 아직도 종종 사람들의 피드백에 예민한 반응을 보이기도 하고, 또한 여전히 코칭을 진행하며 무언가를 해주고 싶어 하는 나의 앞선 마음으로 부담감을 느끼곤 한다. 그동안 코칭을 통해서 있는 그대로의 나를 더 알게 되었고, 그럴 때마다 무엇을 해야 하는지를 알게 되었다. 나의 욕심으로 내가 먼저 가고자 하는 조급함을 내려놓고, 고객의 말에 귀를 기울이고 고객이 관심을 두고 있는 것을 함께 바라보려고 '경청'에 집중하려 노력할 때 비로소 코치의 역할을 하게 되며, 예전보다 빨리 제자리를 찾게 된다.

　나를 성장시키는 것은 무엇일까? 코칭은 하면 할수록 코치가 아무 것도 할 수 없다는 것을 느끼게 된다. 매회 나는 무엇을 어떻게 해줘야 하지? 나를 고민하게 하는 고객들이 있다. 오늘도 나는 비우고 또 비우는 연습을 하게 한다. 고객은 진심으로 상대방이 원하는 것은 무엇인지, 고민하고 있는 그대로의 나를 인정하고 내가 아닌 상대방을 바라보게 하는 나의 최고의 스승이다. 그 앞에서 나는 차분해지며 코치의 역할과 무엇을 해야 하는지를 생각하게 하고, 또 그것이 나를 설레게 한다. 이것이 코칭의 힘인 듯하다.

돈을 받으면서 배우는 직업? 코치는 그런 직업이다. 나이가 어리고 많고 경험이 많고 적고를 떠나, 각자가 가진 탁월함으로 나의 스승이 되어 성장하게 하는 고객들 나는 나보다 어린 고등학생 고객에게서 자신보다 부모님을 더 생각하는 효심을 배웠고, 모든 일을 유쾌하게 받아들일 수 있는 자유 속에서 오는 넉넉함을 보며 배웠고, 오로지 자신의 목표 하나만을 가지고 한 길을 걸어가는 고등학생 운동선수에게 우직함이란 무엇인지와 목표의 중요성을 알게 되었다. 직장에서는 한 팀의 상사로 가정에서는 한 가장의 가장으로 또한 코치로 여러 가지 역할들을 감당하며 특유의 열심과 실행력으로 나로 하여금 한 사람의 능력은 무한함을 깨닫게 해준 40대 후반의 고객, 자신의 꿈을 찾기 위해 내가 잘하는 것은 무엇인지 고민하는 남다른 책임감을 가진 대학생 고객에게서 다시금 삶을 대하는 태도를 배웠다.

한 사람 한 사람이 다르고, 각자의 탁월함을 가지고 나에게 영향을 주는 스승으로 함께해주는 나의 코칭 고객들이야말로, 나의 성장에 가장 큰 영향력을 주는 사람들이다. 누구나 스승이 될 수 있다. 누구에게서나 나의 삶의 영역과 마음의 영역을 넓힐 수 있는 코칭을 받게 되고, 또한 내가 코치로서 코칭을 해줄 수 있다는 것이 기쁘다.

삶은 저마다 크고 작은 문제들을 가지고 살아가는 것이지만, 그 삶을 어떤 관점에서 어떻게 무엇을 선택하고 어떤 삶을 살 것인가에 따라서 삶이 굉장히 달라진다. 누구나 자신의 삶에서 소중한 것을 찾고 누리고 살아가길 응원하는 마음으로 코칭을 한다. 서른 중반에 내가 좋아하는 일을 찾고 도전할 수 있다는 것이 얼마나 가슴 설레게 하는지 나의 삶에 너무 과도하지도 모자라지도 않는 적당한 책임감으로 나의 삶의 꼭짓점을 하나씩 그려나가는 지금의 이 시간이 참 소중하다.

13

삶을 디자인하는 코치

최해정

Choi HaeJung

삶 을 디 자 인 하 는 코 치

코칭의 시작

'삶을 디자인하는 코치가 되기 위한 여정…'
2020년 나에게 새롭게 다가온 코칭은… 그동안 여러 곳을 여행하고, 다양한 사람들을 만나고
경험한 모든 것을 통틀어 가장 강력한 느낌을 갖게 해주었다.
외국계 기업 인사팀에서 근무하고 있으며, 근무 연차가 늘어날수록 비즈니스 감각의 중요성에
대해 점차 실감하게 되어 2020년 MBA 를 시작했다.
2020년 3월 꽃이 피는 봄, 코로나 상황으로 대학원 수업은 모두 온라인으로 시작됐다. 아쉬
움은 있었지만 화면 가득, 이온희 교수님의 열정적인 모습과 코칭을 배우려는 여러 원우들의
프로페셔널한 모습이 한 눈에 들어왔다. 주경야독 하는 심정으로 시작했던 비장한 마음이 기
대감으로 바뀌며 슬며시 미소가 지어졌던 순간이 떠오른다. 한해 동안 코칭을 배우며, 함께 성
장하고 있는 여러 코치님들을 떠올려보니 나 또한 그들과 함께 어깨를 나란히 할 수 있다는 사
실에 기분이 절로 좋아진다. .

나에게 코칭이란?

코칭은 나의 성장과 인간됨에 대한 끝없는 동기부여를 가능하게 한다. 코칭을 알게 된 이후로 책
을 가까이 하며, 자기관리에 더 노력하고 있다. 다른 코치님들로부터 코칭을 받으며, 남을 이롭게
하고 싶다는 생각과 미래에 대한 긍정감을 가지고 코치로서의 모습을 내재화하고자 노력한다.

삶을 디자인하는
코치가 되기 위한 여정

코치님들로부터 얻은 다양한 발견

코칭은 천인천색, 만인만색이라 한다. 코치마다 색깔이 다 다르기 때문에 코칭의 방법은 코치의 수만큼이라 한다. 그동안 많은 코치님들을 만나며 그들과의 코칭대화를 통해 스스로에 대한 성찰이 있었고 더 나은 모습으로 성장하고자 하는 마음 깊숙한 내면으로부터의 목소리를 들을 수 있었다. 같은 목표라 할지라고 코치님들의 질문과 존재감에 따라 사고의 확장 또한 다르게 나타나곤 했고 그 울림 또한 다르게 펼쳐졌다. 그들이 가지고 있는 프레즌스(Presence)는 비슷한 듯 모두 다른 모습이었다.

그렇다면 나는 어떤 코치인가?

여리고 완전하지 않다고 생각했던 고교 시절, 헤르만 헤세의 데미안을 읽고 생각했다. '싱클레어의 모습이 마치 나를 보는 것 같아. 나도 빨리 데미안을 만나고 싶어. 나의 데미안은 어디에 있지?'.

코칭 입문 후 얼마 되지 않았을 때, 좋은 코치가 되기 위해 노력해야 하는 것을 주제로 코칭을 받은 적이 있다. 내 눈을 바라보며 모 코치님이 질문했다. '코치님이 원하는 코치의 모습은 어떤 건가요?' 새까만 눈으로 나를 응시하며, 살짝 올라간 입술은 온화하게 연한 미소를 짓고 있었다. 잠시 침묵이 흐르는 동안 데미안이 떠올랐다. 내가 기다려왔던, 그러나 한동안 잊고 있었던 데미안. 방황하는 싱클레어에게 멘토처럼 든든하게 존재해준 데미안. 내가 데미안 같은 사람이 된다면 어떨까? 눈가가 촉촉해지고 가슴이 울려왔다. 나를 도와줄 누군가를 마냥 기다리는 것이 아니라 다른 사람이 기다리는 그 누군가가 된다는 것! 그 순간 잊고 있었던 삶의 한 조각을 찾은 듯한 느낌이 들었다.

그 후로 변화는 조금씩 찾아왔다. 가족들과의 시간, 직장에서의 시간, 지인들과의 시간이 모두 소중하고 의미 있게 느껴졌다. 나 자신뿐만 아니라 내 주변을 1인칭 관점이 아닌 조금 더 객관적인 눈으로 바라볼 수 있게 되었고, 성찰을 통한 배움의 폭도 넓어졌다. 코칭을 공부할수록 무의식적으로 행동하고 사고하는 패턴을 조금 더 인식하게 되고, 그러한 인식의 재발견을 통해 변화와 성장을 경험할 수 있게 되었다. 코칭은 나의 성장과 사람됨에 대한 끝없는 동기부여를 가능하게 한다. 코칭을 알게 된 이후로 책을 가까이하며 자기관리에 더 노력하고 있다. 다른 코치님들로부터 코칭을 받으며, 남을 이롭게 하고 싶다는 생각과 미래에 대한 긍정감을 가지고 코치로서의 모습을 내재화하고자 노력한다.

대기업 다니던 아들이
회사를 그만뒀어요

지인의 표정이 어둡다. 대기업 다니던 아들이 회사를 그만둘 때만 하더라도 몇 달 만에 직장을 다시 구할 수 있을 거로 생각했다고 한다. 그래도 2년 동안 참으면서 직장생활을 했고, 더 버티라고 하기엔 부모로서 자녀를 위하는 것이 아니라고 생각했기에 아들의 결정을 선뜻 받아들였다고 한다. 그런데 코로나가 터지면서 직장 알아보는 게 더 힘들어졌고 시간이 지날수록 더 걱정된다고 했다.

"제가 커리어코칭을 한번 해볼까요? 아무래도 서류전형, 면접 등 고민되는 부분이 많을 텐데 제가 도움이 될 수 있지 않을까요?"

잠시 침묵이 흘렀다. 찰나의 순간, 괜한 얘기를 꺼냈나? 부담스러우실 수 있겠지? 내가 잘할 수 있을까? 하는 여러 가지 생각이 스치고 지나갔지만 이미 내뱉은 말이었다.

"우리 아들한테 한번 얘기는 해볼게요. 워낙 알아서 잘하는 애인데 그래도 도움이 될 수도 있겠네요."

과감하게 던진 말이 현실로 다가왔다. 며칠 후, 구직 중인 지인의 아들로부터 장문의 문자가 도착했다. 코칭의 목표가 명확했기 때문에 코칭전략은 장기적 경력에 대한 비전 및 구직 활동 전략으로 설정했다. 첫 코칭 세션이 있기 며칠 전, 이력서와 자기소개서를 미리 요청하여 이미 고객에 대해 대략적인 정보를 숙지해두었다. 도착했다며 전화를 하며 다가오는 커리어코칭 첫 고객은 92년생 훤칠한 키에 눈이 큰 호감형의 얼굴이었다. '이력서에 있던 사진보다 실물이 훨씬 나은데?' 혼자 잠시 생각하다가 "실물이 훨 나으세요. 저라면 이력서 사진을 다시 찍을 것 같은데요."라고 말해버렸다. 웃으며 농담 섞인 말투로 이야기했지만, 그는 사뭇 진지한 태도로 옅은 미소만 지을 뿐이었다. 나중에 지인에게 들은 바로는 그 이력서 사진을 가족들도 지적한 적이 있었는데, 아이돌같이 찍는 게 요즘 유행이라며 아들이 고집을 피웠다고 한다. 그런데 코칭을 받고 나서, 사진을 다시 찍기로 했다면서 '코치가 대단하긴 한 모양이야'라고 흐뭇해 하시며 크게 한바탕 웃으셨다. 이력서와 자기소개서, 그리고, 여러 질문에 대한 답변들은 미리 준비한 모범 답안처럼 평이하기 그지없었다. 틀린 대답은 없었지만, 진솔함은 없었다.

"지원동기에 어릴 적부터 자동차 부문 영업직에 관심 있다고 하셨는데요. 면접관들이 무엇으로 그 부분을 알 수 있을까요?"

잠시 침묵이 흘렀다. '어릴 적부터 관심 있었는데 무엇이 더 필요하지?' 하는 듯한 표정으로 나를 바라보고 있었다.

"관심이 있었다면 뭐든 더 알아보고 배우려는 노력이 있었을 것 같은데요. 뭔가 스토리텔링을 들려줄 수 있나요?"

잠시 생각하더니, 큰 눈으로 나를 바라보며 말했다.

"어릴 적, 다양한 자동차의 디자인을 보면서, 내 차를 만들고 싶다는 꿈을 키워왔습니다. 제 이름을 걸고 제가 직접 개발한 차량을 사람들에게 보여주고 싶습니다."
"자동차 영업팀에 일하고 있는 5년 후, 본인은 어떤 모습이고 주변에는 어떤 사람이 보이나요?"

흥분된 듯한 목소리로 5년 후 대리가 되어 있는 본인의 모습을 미소 지으며 이야기한다. 활기찬 사무실 분위기와 부하 직원을 가르치는 본인의 모습을 상상하며 미래를 향한 열정을 다시 한번 느끼는 듯 보였다. 그 전에 지배적이었던 평이한 답변과는 다르게 진술함이 가득한 표정과 표현들이 우리의 공간을 가득 채웠다. 고객은 이력서와 자기소개서도 개성이 없는 평범하고 장황한 내용이었음을 인식하고 다음 코칭 시간까지 다시 프레임화하기로 약속했다. 이후 세 번의 코칭이 진행되었고, 고객은 다섯 번의 면접기회와 다섯 번 모두 합격하는 쾌거를 달성했다. 커리어코칭을 진행하면서 효과적이었던 부분은, 고객이 진심으로 원하는 바에 대해 다시 깨닫게 하는 것과 원하는 상태로 가기 위해 필요한 행동방식을 효율적으로 재배치할 수 있도록 지원한 부분이 잘 작용했던 것 같다.

　어쩌면 그냥 지나칠 수도 있었던 상황에서 코칭을 진행하게 되었고, 결론적으로 고객이 원하던 결과로까지 이어져, 코치로서 자긍심을 가질 수 있었던 코칭 사례였다.

승진 선물로
코칭을 받게 해주고 싶어!

　지인으로부터 오랜만에 연락이 왔다.

　"친한 회사 동료가 이번에 팀장으로 승진했어. 승진 선물로 의미 있는 선물을 하고 싶은데 혹시 코칭 해줄 수 있어?"

　웃음이 절로 났다. 코칭을 시작하면서 유료 고객 확보에 대한 부분은 고민거리 중 하나였는데, 고객을 소개해준다니 이보다 좋은 소식이 있을까. 오히려 내가 선물을 받는 듯한 느낌이 들어 가슴이 두근거렸다.

　"코칭 시간 내야지. 그런데 그분 코칭에 대해서 아는 거 있어?"
　"코칭에 대해서 부정적이긴 해. 그런 거 왜 받냐고 하더라고. 그래도 한번 받아보라고 했어."

"코칭을 잘 모르는 사람은 그런 반응일 수 있지. 좋아, 그렇다면 코칭이 멋진 선물이 될 수 있도록 열심히 해볼게."

코칭대화는 일반 대화와 달리 확인의 대화이다. 인정, 공감, 경청, 질문 그리고 피드백이라는 대화의 요소들을 이용하는 대화법 안에서 코칭목표와 연계되어 진행되어야 하므로 코칭전략이 중요하다. 처음부터 길게 진행하는 코칭보다는 임팩트 있는 코칭 세션 이후 만족스럽다면 코칭을 연장하는 방향으로 하는 것이 나을 것 같았다.

우선, 팀장 승진 선물은 세 번의 코칭 세션으로 결정됐다. 최근 팀장으로 승진한 30대 후반의 고객은 자신감이 넘치고 긍정적인 성향을 가진 분이었다. 업무에 대한 욕심도 많아서 조직 내 팀장으로 해야 할 역할 확대 및 비즈니스 성장까지도 관심이 많았다. 코칭의 목표는 팀장으로서의 리더십 개발과 중장기 커리어 목표를 잡는 것으로 진행했다.

현재 직면한 상황들에 대한 객관적인 고찰과 함께, 미래의 목표를 향해 나아가기 위한 여정을 그려나갔다. 중간 관리자에서 임원으로 성장하는 여정은 부담이 아닌 기대감으로 가득 차고, 더불어 열정이 가득 차게 됐다. 코칭 세션을 좀 더 효과적으로 진행하기 위해서 프레젠테이션 화면을 공유하며 이미지를 함께 그려나갔다. 더욱 구체적으로 장기적인 목표를 만들었고, 고객의 단어가 프레젠테이션 화면에 표현되게 했다. 세 번의 코칭이 끝난 후 고객을 위한 멋진 커리어 로 드맵 프레젠테이션 파일이 완성되었다.

처음부터 나에게도 선물 같았던 코칭 경험은 더 큰 선물로 나에게 다가왔다. 그동안의 코칭이 만족스러웠던 고객은 앞으로 계속 코칭을 받고 싶다고 했고 장기 고객이 되기로 약속했다.

코칭을 배우면서 강력한 질문, 일명 한 방을 날릴 수 있는 질문은 무엇일까 고민한 적이 있었다. 그런데 코칭을 할수록 코칭 질문 그 자체보다도 코칭철학의 내재화, 고객과 코치와의 신뢰를 바탕으로 함께 한다는 느낌을 공유하는 것이 더 중요하다고 느껴진다. 신뢰를 바탕으로 한 코칭대화를 통해 고객의 관점으로 세상을 인식하고 긍정적인 미래를 함께 바라보는 순간, 코치 또한 함께 성장함을 느끼며 마음이 따뜻해짐을 느낀다.

얼마 전 인상적인 기사를 접했다. 코칭을 배우면서 경청에 대해 깊이 탐구한 적이 있었는데, 경청에 대한 새로운 인식을 가능하게 해준 스토리다.

"마지막 신청곡 틀어주세요" 청취자의 생명 구한 라디오 PD

청취자가 보낸 한 줄의 짧은 메시지는 평소와 다른 느낌을 줬다. 30년 베테랑 라디오 PD는 직감적으로 위험 신호를 감지했다. 그다음 몇 분간 그가 내린 빠른 조치는 한 사람의 운명을 갈랐다. 자칫 위험한 상황에 이를 수도 있었을 한 생명이 살아난 것이다.

라디오 PD의 발 빠른 조치가 청취자를 살린 이야기가 화제가 되고 있다. 쏟아지는

문자를 무심히 넘기지 않고 청취자의 기분까지 읽어낸 예민한 촉과 빠른 판단력의 주인공. 그는 TBN 대전교통방송 황금산 PD였다.

구원이 된 신청곡 '홀리데이'

'저는 교통방송 덕분에 결혼까지 했습니다. 그런데 제가 지금 삶이 너무 힘듭니다. 마지막으로 비지스의 홀리데이를 듣고 싶습니다.'

2021년 1월 8일 밤 10시. 생방송이 한창이던 TBN 대전교통방송 심야 라디오에 심상치 않은 문자가 도착했다. 귀에 와서 꽂힌 건 비지스의 '홀리데이'. 너무 힘들고 '홀리데이'를 신청했다?

라디오를 진행하던 황금산 PD는 "문자를 보고 극단적인 선택을 할 가능성이 크다는 것을 직감적으로 느꼈다"고 말했다. 신청곡인 비지스의 '홀리데이'가 과거 탈옥수 지강헌의 이야기를 바탕으로 개봉한 영화 '홀리데이'의 삽입곡이라는 사실 때문이었다.

위험을 감지한 황 PD는 우선 '희망의 전화'에 연락했다. 그러고는 해당 곡을 신청한 청취자에게 30분 정도 여유를 두고 나중에 노래를 방송하겠다고 알렸다. 신청곡을 바로 띄우면 선택을 앞당길지 모른다고 생각했기 때문이었다. 이어 경찰에 신고했다. 생방송 와중에 몇 분 만에 이뤄진 일들이었다.

비슷한 일을 겪은 적이 있느냐고 묻자 황 PD는 "처음이었다"며 "그날은 왠지 사연이 신청곡과는 맞지 않으니까 걱정이 됐던 것 같다"고 말했다. 그는 "확실한 건 코로나19 확산 이후에 받은 문자들을 보면 생활이 상당히 어려워졌다는 게 문자에 많이 반영됐다"고 덧붙였다.

(중략)

[출처] 국민일보 - "마지막 신청곡 틀어주세요" 청취자의 생명 구한 라디오 PD

다른 사람이었다면 어떻게 반응했을까? 내가 라디오 PD였더라면 이러한 상황을 보고 무슨 생각을 했을까? 어쩌면 무심코 지나칠 수도 있었을 상황이다. 그러나 라디오 PD의 직관적인 판단으로 소중한 한 사람의 목숨을 살린 기사를 접하며, 청취자에 대한 따뜻한 애정이 느껴졌다. 경청이란 바로 그런 것이 아닐까. 고객에게 온전히 현재를 함께하며, 말하지 않는 것까지 들으려 노력하는 것. 어쩌면 진정한 코치는 언제든 어디든 우리 주변에 이미 존재하며 우리의 일상 안에서 세상의 이로움을 추구하고 무한한 감동을 선사할지도 모른다.

14

별을 닮아가는 코치

정재원

Jeoung JaeWon

별을 닮아가는 코치

코칭의 시작

숨가쁜 시간을 지나고 나니 이러 저리 회사에 휩쓸려 살아왔던
내 자신에게 남아 있는게 없는 거 같은 공허함이 밀려 왔고
어떠한 지향점 없이 유령처럼 회사를 다녔던 거 같다.
내 자신에게 기회를 주자는 생각으로 대학원 진학에 대한
생각을 하게 되었고, 우연히 코칭을 알게 되었다.
코칭을 접했던 첫 느낌은 다른 세계였다.
어느 코치의 질문 "코칭을 배우지 않는다는 가정 하에
1년 후에 어떤 모습일 거 같아?"
하루하루 내 자신을 한탄하고 자책하면서 과거만 보았던
상황이었던 터라, 한번도 1년 후 모습을 상상해 본적도 없었기에
그 질문에 갑자기 머리가 띵해 지면서 말문이 막혔다.
그리고 제 자신을 돌아 보는 시간을 가질 수 있었고,
오히려 앞을 바라본다면 뭔가를 해 낼 수 있겠다는
생각이 들게 되었다. 어차피 지금도 바닥을 친 상황인데 이보다는
낫겠지 라는 막연함으로 코칭과목을 선택했다.
그래! 한번 도전해 보자!

나는 이런 코치가 되고 싶다

별이 되자
내가 빛남으로 남을 빛 내주는 사람이 되자
밤이 되면 어둠을 비추고 서로의 빛을 도움삼아 밝게 빛나는 별이 되자
새벽이 되면 나를 양보하고 사라지는 별이 되자
길 잃은 사람을 안내해 주는 별이 되자
현실로 돌아와도 희망을 버리지 않는 별이 되자

인생이 불안했던 순간,
코칭을 접하다

이야기는 2016년 말로 거슬러 올라가 볼 수 있을 거 같다.

회사의 인사정책 변경으로 내가 속해 있던 조직이 베트남 주재원으로 발령을 받게 되었고, 이때 본사에서 같은 부서에 있던 25명 중 7명만 베트남으로 지원했고 이로 인해 남은 직원들을 회사지시로 구조조정을 해야 했다. 이 기간에 많은 고민을 하게 되었고, 그 과정에서 정신적으로 상처를 많이 받았다. 다행히 일부 직원은 타 부서로 전출을 시키고, 일부 직원은 이직하면서 구조조정을 마치고 2017년에 베트남으로 향할 수 있었다.

하지만 부서 세팅을 하고 본격적인 운영을 하는 데 1년여의 시간이 걸렸고 그러던 중에 회사가 매각이 되어 새로운 경영진으로 바뀌면서 급작스럽게 다시 본사로 들어오게 되는 상황을 마주하게 되었다. 그러한 숨 가쁜 시간을 지나고 나니 회사에 휩쓸려 살아왔던 내 자신에게 더 이상 남아 있는 게 없는 것 같은 공허함이 밀려왔고, 어떠한 지향점 없이 유령처럼 회사에 다녔던 거 같다.

나와 맞지 않은 삶을 살다 보니 스스로는 도저히 감당할 수 없어 결국에는 병원에 다니며 약으로도 의존해야 했고 너무나 나약한 심정으로 시간을 보내고 있었다. 그저 이 상황을 도피할 생각만 하면서…

그나마 내 자신에게 기회를 주자는 생각에 대학원 진학하게 되었고, 우연히 코칭을 알게 되었다. 사실 코칭을 접했던 첫 느낌은 다른 세계를 보는 것 같았다. 코칭을 배우는 대학원 동기들은 다른 MBA 동기들과 달리 항상 늘 떠 있는 밝은 분위기였고 그분들을 보면서 '뭐 저렇게까지 하면서 대학원을 다녀야 하나'라는 생각이 들 정도였다. 하지만 그렇게 생각을 하면서도 마음 한편으로는 '나도 코칭을 한다면 저분들처럼 다시 생기 있는 삶을 찾을 수 있을까?'라는 호기심도 들게 되었다. 그래서 주위에 코칭을 하신 분에게 "저도 코칭을 배울 수 있을까요?"라고 물어보았다. 그런데 당시에는 생각지도 못한 질문이 되돌아왔다.

"코칭을 배우지 않는다는 가정하에 1년 후에 재원 씨는 어떤 모습일 거 같아요?"

하루하루 나 자신을 한탄하고 자책하면서 시간을 보내왔던 상황이었던 터라 한 번도 1년 후 모습을 상상해본 적도 없었기에 그 질문에 그저 말문이 막히게 되었다. 그렇지만 코칭을 통해 자신을 돌아보고 오히려 앞만을 바라본다면 뭔가를 해낼 수 있겠다는 생각이 들었다. '어차피 지금도 바닥을 친 상황인데 이보다는 낫겠지'라는 막연한 용기가 코칭을 선택하게 했다. 그래! 한번 도전해보자!

'코칭'이라는 어려움에 봉착하다

1학기 코칭수업의 시작은 한마디로 정신적으로 멘붕이 왔고, 또한 시간과의 싸움이었던 거 같다. 피동적으로만 행동했던 나의 행동과 삶의 방식이 '왜, 어떠한 의미'인지 찾아가는 과정은 매우 어색하고 뇌가 깨지는 듯했다. 이런 고민들은 수업 이후에도 계속 머리에 맴돌 았다. 이 외에도 시간적 문제에 봉착했는데, 수업과 함께 버디코칭을 해야 했고 또한 동기들과 상호코칭이 이루어지면서 나의 일주일 일정 이 '일이 반, 코칭이 반'처럼 체감이 될 정도였다. 그래서 코칭을 시작 할 때는 어느 정도 마음 다짐을 하고 들어오라는 주변의 말들이 빈말 이 아닌 것을 새삼 느끼게 되었다.

지금 생각해보면 바쁘게 돌아갔던 시간이 지금의 나를 만들었고, 이제는 바쁜 와중에도 시간을 만들어 낼 수 있는 여유가 생긴 것 같 다. 아… 이래서 누구나 자신이 모르는 숨은 역량이 있고 이를 자극해 줄 매개체가 필요한 거구나. 코칭을 새롭게 바라보는 시작이 되었던 거 같다.

특히나 가정이 있는 여학우들의 경우에는 일과 가정, 그리고 코칭 까지 겸업해야 하는 상황이라 훨씬 더 힘들었을 것이다. 그들을 비춰 보면서 나의 상황은 그나마 나은 것 같아 한편으로는 더 분발해야겠 다는 자극도 되고 위안도 되지 않았나 싶다.

코칭이 내 평범한 삶과 직장, 가족에게도 영향이 점차 스미게 되고, 처음에는 "이 양반이 왜 이래, 부장님 무슨 뜬금없는 얘기에요."라는 반응에서 그들이 어려울 때 만만하게 한마디 건넬 수 있는 사람으로 점차 바뀌고 있다는 것이 나에게 스스로의 존재가치를 더욱 배로 끌어올리는 원동력이 되고 있었다.

다음은 내가 코칭을 배우면서 실제 접했던 코칭 사례를 공유하고자 한다. 특히 코칭을 우리 생활에 항상 같이할 수 있으며 편안한 동료가 될 수 있는 존재라는 것을 알리고 싶다.

코칭은 우리 곁에

새로운 팀장과 함께 코칭을 하면서

신규 고객이 기존에 맡고 있던 팀을 뒤로하고, 새로운 팀을 맡은 팀장을 고객으로 코칭하게 되었다. 고객은 이미 어떠한 모습이 되고 싶은지 확실한 목표가 있었지만, 새로운 꿈을 향한 도전에 잘 적응할 수 있을지 불안해하고 있었고 이를 어떻게 해결할지 고민이 있던 상황이었다. 하지만 코칭을 통해 실제 회사나 조직에 기여할 수 있는 부분을 정리해보니 본인의 핵심역량을 발견하고, 새로운 팀의 부서장과 유연한 관계 형성을 하면서 기존의 팀 조직과도 원활한 관계를 정립할 수 있게 되었다.

그리고 흥미로웠던 점은 아이러니하게도 해당 고객이 새로운 팀의 인력 충원을 나의 팀 조직의 팀원을 요청하게 되는 상황이 생겼다. 그러한 상황이 막상 마주하게 되니 여러 가지 생각이 떠올랐고, 나의 코치다움보다는 에고(Ego)가 먼저 나오는 상황을 직면해야 했다. 며칠을 고민하면서 느꼈던 생각은 내가 이 부서에서 무엇을 위해 일하는지 코치로서 무엇을 지향하는지 다시 돌아보게 되었고, 같이 근무했던 팀원을 떠나 보내야 하는 서운한 감정에 치우치기보다는 이러한 상황을 받아들이고 장기적인 입장에서 이러한 상황이 나에게 어떠한 의미가 있는지 깊이 사유해볼 수 있었다. 이후 팀원과 얘기를 나누면서 팀원은 무엇을 원하는지, 그 부분에 다리가 되어야 하는 것이 나의 책무이고 또한 코치로서 맞는 길인지 그리고 최대한 자신의 능력을 발휘할 수 있도록 길을 열어주는 것도 내가 받아들여야 할 마음가짐이라고 생각하게 되었다.

직장 내 갈등은 어떻게 해

코로나19로 인해 고객이 근무하고 있는 회사의 경영 악화로 경영진의 매출 압박이 있었고 그러한 과정에서 고객과 상사와의 갈등이 빚어지게 되었다. 갈등의 과정에서 그동안 최선을 다해 근무했던 고객의 상황은 무시된 채, 상사로부터 결과로만 평가되고 인격적인 상처까지 받아 갈등이 깊어지게 되자 퇴사를 생각하게 된 고객과의 코칭이었다.

코칭과정에서 고객의 극한의 스트레스도 발견할 수 있었고, 또한 회사를 사랑하는 순수한 마음도 마주할 수 있었다. 그러한 코칭에서 고객은 '일'만이 모든 요소가 아니고 고객에게 무엇인가를 위로해줄 수 있는 일이나 여가를 찾아야겠다는 생각을 가지게 되었다.

코칭을 몇 회 거치면서 고객도 마음의 안정을 찾게 되었고, 상사와의 관계도 원만해져 오히려 경영진에 인정을 받고 올해 승진이 되는 반전을 이룰 수 있었다. 지금은 자신이 해야 할 사업의 목표를 두고 이를 실행하고 달성해야 할 계획을 코치와 만들어가면서 준비를 하고 있다. 고객과 같이 느꼈던 점은 '직면하는 상황은 항상 극단적으로만 흐르는 것이 아니고, 변곡점을 맞이했을 때 매개체인 코칭을 통해서 긍정적인 방향으로 잠시 돌리면 어려웠던 순간도 잘 극복할 수 있다'는 것이다.

또 다른 도전
그리고 그 떨림

해당 사례는 내가 직접 코칭을 받으면서 변화되는 모습을 공유해보고자 한다. 코칭을 통해 나도 인생의 전환점을 맞이하고 있고, 그 떨림의 선상에 있다. 한 직장에서 16년을 근무하면서 회사를 통해서 인생의 변화가 많았고, 그동안에 가족을 만나게 되고 내가 현재까지 무탈하게 살아올 수 있었던 근간이 된 곳이다. 하지만 회사 안에서 나의 진정한 변화를 찾을 수 있다는 것을 한계를 느끼게 되고 내가 향후 어떠한 모습으로 바뀌어야 할지 인생의 전환점을 만들어가야 할 시점이 아닌가 뒤돌아보는 시간이 필요했다. 그러한 이유로 코칭을 받게 되었다.

코칭 전에도 내가 새로운 도전을 과연 잘 받아들일 수 있을지 막연한 두려움이 있었던 거 같다. 하지만 코칭 받으면서 내가 선택을 해야 한다면 무엇 때문인지 그리고 나의 직장에서의 목표를 재설정하는 시간이 될 수 있었다. 과거에 내가 어떻게 걸어왔고, 지금 걷고 있는 모습, 그래서 나중에 무엇이 되고 무엇을 할 것인가에 대한 나만의 스토리텔링을 만들 수 있었다.

코치에게 인정의 코멘트를 받으면서 자신감도 가지게 되고, 또한 새로운 정신과 에너지가 들어옴을 느낄 수 있었다. 스스로에게 아래의 질문을 해보면서 나의 지향점을 점차 구체화할 수 있었다.

1. 나에게 잠자는 거인이 있었는지 그 거인은 나에게 무엇인지
2. 내가 이러한 도전에 향후 인생에 교두보가 될 수 있을지
3. 내일 당장 그만둔다면 어떻게 할지
4. 현재 안정적인 모습에서 새로운 도전으로 선회하는 나는 누구인지

수차례의 코칭을 겪으면서 새로운 출발 선상에 와 있다. 또한, 새로운 도전 이후 내가 향하고 싶은 모델을 계속 생각하고 디자인하는 시간을 가지고 있다. 내 주위 분들도 나를 찾아가는 시간을 가지고 내가 몰랐던 숨겨진 나를 찾아가는 시간을 가지면 어떨지 제안해본다. 그리고 코칭이 그 생각을 도와주는 친구가 될 수 있다고 생각한다.

이 글을 정리하면서, 내가 어떠한 코치인가 다시 정리해보았다. 코칭이 나에게 어떠한 영향을 주었고 앞으로 나는 어떻게 변화가 되어 스스로가 어떠한 행동하는 삶을 살 것인지 정리를 하고 싶었다.

코칭은 아직도 나에게는 현재 진행형이고, 부족함을 느낀다. 하지만 그 부족함을 느끼면서 또 다른 여정에 대한 기대가 있고 그 이후에 또다시 달라진 나의 모습을 바라볼 수 있어 행복하다. 그리고 묵묵하게 지켜봐 준 아내와 가족들에게 무한한 감사와 함께 사랑한다고 남기고 싶다.

15

포기를 모르는
불꽃 코치

이상현

Lee SangHyun

포기를 모르는 불꽃 코치

코칭의 시작

대학에서 물리학을 전공하고
회사에선 엔지니어인 일명 '공돌이'다.
2단계의 경영학도, 3단계인 인문학도 접하지 않았다.
성장을 위해 두가지를 한꺼번에 해야한다.
나의 선택은 코칭이었다. 경영학 속에서 심리학도 녹아 있는
코칭이 둘을 한꺼번에 하기 좋을 것 같다는 판단 에서다.
그렇게 코칭의 길이 시작되었다.

나는 이런 코치가 되고 싶다

현재 나는 KAC자격의 코치이다. 오늘도 코칭을 했다. 코칭을 마치고 집으로 돌아가는 차에
서 故신해철씨 노래가 흘러나왔다. 무학대사의 말대로 부처님 눈에 부처님만 보인다고 했던
것처럼 이 노래가 애타게 코치를 찾는 외침으로 들렸다. 나도 누군가가 이토록 애절하게 찾는
코치이고 싶다.

이유를 찾아서

최근 한 휴대폰 광고이다.

아빠와의 등산 편

아빠 : 폰 바꿨어?

딸 : 아니, 써보고 사려고. (휴대폰 카메라를 켜며) 아빠!

딴 사람 나왔네. (휴대폰 기능을 사용하며) 이렇게….

아빠 : 앞으로 좀 갈까?

딸 : (ZOOM IN 하며) 거기가 딱 좋아. 오~

근데 좀 웃지 그랬어.

아빠 : 그게 잘 안 되더라~

딸 : 다 방법이 있지, 봐봐. 아빠 웃으니까 훨씬 멋있잖아.

아빠 : 하하, 웃었네.

딸 : (독백) 아빠의 스마일을 발견한 경험. ○○ 하길 잘했다.

딸 : 나랑 데이트하니까 좋았지?

아빠 : 좋았어!

여러분은 이 광고를 본 후 어떤 생각이 들었나요?

무엇을 하고 싶으세요?

언제 하고 싶으세요?

어떤 것이 그걸 도울 수 있을까요?

'부모님과의 추억을 더 많이 만들고 싶다. 부모님과 여행을 가고 싶다. 최대한 빨리 부모님과 가까운 장소라도 같이 걸으며 웃고 싶다. 그리고 그것을 남기고 싶다. 이 휴대폰이 그것을 이뤄줄 수 있을 것 같다.'

광고를 본 후에 나의 머릿속에 들었던 생각이었다. 21세기의 상품들은 좋은 기능을 가진다고 판매되지 않는다. 제품의 기능이 좋고 외관이 아름다우며 거기에 제품을 이용해 고객의 스토리까지 담겨야 제품을 판매할 수 있다.

기업은 말한다. 인문학만이 기업의 흥망을 결정하는 가장 중요한 요소라고. 인문학의 중요성에 대해 상품 기획부터 직원 교육에 이르기까지 전 분야에서 강조한다. 기업 경영에서 인문학은 용도의 문제가 아니라 생사의 문제가 되었다.

철학자 최진석 교수(서강대학교)는 국가의 발전단계별 주된 학문에 대해 논한 적이 있다. 첫 번째 국가 생성 단계에서는 사회를 유지하고 제도적 완성을 위해 법학, 정치학을 중시한다. 두 번째 성장 단계는 경영학, 경제학으로 물적 풍요를 이루려 한다. 세 번째 성숙단계엔 사람과의 교감, 성장을 위해 심리학, 철학을 중시한다. 마지막 단계에선 인간을 하나의 틀로 해석하기 위해 고고학, 인류학에 중점을 둔다. 그런 이유에서 제국을 꿈꿨던 나라들의 고고학, 인류학이 발전하게 된 것이다. 현재 대한민국의 위치는 몇 단계일까? 개인마다 상황과 위치에 따라 다르게 해석할 수 있겠지만, 2단계에서 3단계로 넘어가는 중간지점에 와있다는 것이 주류의 의견이다. 그 증거가 바로 기업에서 인문학을 강조한다는 점이다. 앨빈 토플러의 저서《부의 미래》에서는 기업이 사회변화제도에 가장 빠르게 대응하는 조직이므로 그러하다는 것이다.

이제 나의 이야기를 해보자.

대학에서 물리학을 전공하고 회사에선 엔지니어인 일명 '공돌이'다. 2단계의 경영학도, 3단계인 인문학도 접하지 않았다. 성장을 위해 두 가지를 한꺼번에 해야 한다. 나의 선택은 코칭이었다. 경영학 속에서 심리학도 녹아있는 코칭이 둘을 한꺼번에 하기 좋을 것 같다는 판단에서다. 그렇게 코칭의 길이 시작되었다.

친구에게 보내는 편지

친구야.

오늘은 머리가 깨질 것 같은 고민에 휩싸인 이야기를 할까 하네.

코칭수업 중에 한가지 주의사항을 배웠네. 코칭 중에 피코치가 트라우마를 가지고 있다고 생각하면 그것을 건드리지 말고 존재한다는 정도만 인식하고 그냥 넘기라는 것이었네. 난 동의할 수 없다네. 과연 트라우마를 극복하지 못하고 앞으로 나가며 자기발전을 실현할 수 있을까? 자네는 어찌 생각하는가? 난 그럴 수 없다고 생각이 들었네. 만약 제빵사가 있는데 과거의 어떤 사건으로 밀가루를 소화시키지 못하고 계속 체한다고 생각해보게. 그 제빵사가 과연 맛있는 빵을 개발하고 만들 수 있을까?

지금까지 모든 코칭의 이론들을 배우며 단 한 가지의 의문점도 갖길 않았네. 내가 원래 순종적인 사람이지 않나? 동의 못 하나? 하하하. 아무튼, 이번 건은 정말 동의하기 어려웠네. 그런 이유로 같이 코칭 공부를 하는 동료들에게도 질문해보고 버디 코치에게도 물어보고 여러 조언을 들었네. 모두의 생각은 교수님과 같았네. 트라우마 극복은 전문 상담의 분야이고 코치는 그런 교육이 부족하므로 그것을 건드리지 말아야 한다는 이야기였네. 여기까진 나도 동의가 되는 부분이네. 그러나 과연 극복하지 못하는 트라우마를 가진 사람이 자신의 상황에서 한 발 더 앞으로 나갈 수 있을까? 의문이 드네…. 한동안 이 문제가 숙제로 남을 것 같아 걱정이네. 머리로는 이해가 되는데 마음속 깊은 곳에서부터 나오는 이해가 아니라서….

트라우마가 고민인 친구가

친구야.

기쁜 소식을 전하려 하네. 그동안 나를 가로막았던 답답함이 풀렸다네.

얼마 전 나에게 친할머니 같은 존재인 노스님을 만났다네. 많이 연로하셔서 거동이 불편하셨지만, 여전히 날 반갑게 맞이해주셨네. 차를 마시며 이야기를 나누고 집으로 돌아오는 차 안에서 뭔가 번쩍였네. 스님께서 내가 힘겨워할 때 해주셨던 이야기가 떠올라서였네.

명경(明鏡)과 지수(止水)에 관한 이야기네. 명경(明鏡)은 옛 청동거울에 푸른 녹이 생기는 것을 막기 위해 늘 거울을 닦듯이 마음을 닦아야 한다는 얘기라네. 지수(止水)는 물결치는 물로는 날 비춰 볼 수 없으니 잔잔한 물에 날 들여다보는 것을 말하네. 마음을 항상 잔잔한 물처럼 만들라는 것이네. 내가 집중했던 이야기는 바로 지수(止水)라네. 잔잔한 물을 유지하다가도 돌멩이 하나가 물속에 빠지면 물결이 일고 그 물결을 가라앉히기 위해 또 마음을 수양해야 한다는 거네.

그다음이 핵심이네. 잔잔해진 물속에서 그 돌을 다시 빼내면 물은 다시 요동치네. 그리고 또 오랜 수양을 통해 그 물을 다시 잔잔하게 유지시켜야 하네. 그럴 필요가 있을까? 그 돌멩이 또한 그냥 있는 그 상태 자체를 나로 받아들이며 잔잔한 마음 상태로 유지하는 것. 이 점을 코칭에 적용해서 생각해보았네. 트라우마를 굳이 치유하지 않고도 더 나은 상태로 나갈 수 있는 이유네. 있는 그대로의 나를 인정하고 그 상태에서 최상의 방안을 찾는다는 것이지. 돌을 꺼냄으로써 다시 물결치는 상태가 되고 그것을 다시 평온의 모습으로 만드는 과정을 반복하는 것보단 나 자체를 인정하고 평온의 상태를 유지하며 나간다면 더 효율적이고 더 발전하는 나를 만들 수 있다는 거지.

고객이 트라우마를 인정하고 그 위에서 더 발전할 방안을 스스로 찾게. 돕는 것이 더 나은 선택일지 모른다는 생각이 들었네. 굳이 돌을 꺼내는 것보다 말이지. 이제 난 언제나 어떤 상황에서도 당당히 코칭을 할 수 있을 것 같네. 누구나 정도의 차이는 있겠지만 트라우마를 갖고 있을 텐데 그때마다 어찌할지 방황하지 않는 코치가 될 수 있을 것 같네.

어떤가? 그럴 수 있겠지? 또 보세.

답을 찾은 친구가

현재 나는 KAC 자격의 코치이다. 오늘도 코칭을 했다. 코칭을 마치고 집으로 돌아가는 차에서 故 신해철 씨 노래가 흘러나왔다.

> 산책을 하고 차를 마시고 책을 보고 생각에 잠길 때 요즘엔 뭔가 텅 빈 것 같아 지금의 난 누군가 필요한 것 같아 친굴 만나고 전화를 하고 밤새도록 깨어있을 때도 문득 자꾸만 네가 생각나 모든 시간 모든 곳에서 난 널 느껴…

무학대사의 말대로 부처님 눈에 부처님만 보인다고 했던 것처럼 이 노래가 애타게 코치를 찾는 외침으로 들렸다. 나도 누군가가 이토록 애절하게 찾는 코치이고 싶다.

코칭에 대해서 궁금하거나 코칭을 받고 싶은 분은

아래로 연락 주시면 감사하겠습니다.

이유정	precious1999@naver.com
김윤석	edc4you@gmail.com
이미영	dacompanyceo@naver.com
주종욱	combat1224@naver.com
백상현	swimski4@naver.com
임은범	silverbeum@gmail.com
주수연	educo0621@naver.com
한대경	achi4@naver.com
김수빈	subin.gim@gmail.com
이현수	hlee3000@gmail.com
박형근	dol0421@hotmail.com
최하나	hahahanana1@naver.com
최해정	choiandu@naver.com
정재원	fkffkjjw@naver.com
이상현	yisang77@hotmail.com

어쩌다 코칭

초판 1쇄 인쇄 2021년 11월 03일
초판 1쇄 발행 2021년 11월 10일

지은이 이유정, 김윤석, 이미영, 주종욱, 백상현, 임은범, 주수연, 한대경,
　　　　김수빈, 이현수, 박형근, 최하나, 최해정, 정재원, 이상현
펴낸이 류태연
편집 렛츠북 편집팀 ┃ **디자인** 김민지 ┃ **마케팅** 이재영

펴낸곳 렛츠북
주소 서울시 마포구 독막로3길 28-17, 3층(서교동)
등록 2015년 05월 15일 제2018-000065호
전화 070-4786-4823 **팩스** 070-7610-2823
이메일 letsbook2@naver.com **홈페이지** http://www.letsbook21.co.kr
블로그 https://blog.naver.com/letsbook2 **인스타그램** @letsbook2

ISBN 979-11-6054-498-5 13320